Wir alle B1

Übungsbuch mit Audios und Videos

AF875377

Ernst Klett Sprachen
Stuttgart

Autorin Iris Geiser, Freiburg
Projektteam Redaktion Enikő Rabl; Coleen Clement, Berlin
Herstellung Claudia Stumpfe
Layoutkonzeption und Satz Bettina Hermann, Stuttgart
Illustrationen Jani Spennhoff, Barcelona
Umschlaggestaltung Sabine Kaufmann
Reproduktionen Meyle + Müller, Medien-Management, Pforzheim

Wir alle B1
einbändige Ausgabe:

Kursbuch B1 mit Audios und Videos online	978-3-12-674013-5
Übungsbuch B1 mit Audios und Videos online	978-3-12-674014-2
Testheft B1 mit Audios online	978-3-12-674017-3
Unterrichtshandbuch B1	978-3-12-674018-0
Digitales Unterrichtspaket B1 mit interaktiven Tafelbildern	NP00867401301
zweibändige Ausgabe:	
Kurs- und Übungsbuch B1.1 mit Audios und Videos online	978-3-12-674015-9
Kurs- und Übungsbuch B1.2 mit Audios und Videos online	978-3-12-674016-6

Unterrichtspläne, Wortlisten u.v.m. zum Download unter **www.klett-sprachen.de/wir-alle**
Audio- und Videodateien zum Download unter **www.klett-sprachen.de/wir-alle/medienB1**
Codes: **wib11@av1-2** (Modul 9–10)
wib12@av3-4 (Modul 11–12)

Zu diesem Buch gibt es Audios und Videos, die mit der Klett-Augmented-App geladen und abgespielt werden können.

Klett-Augmented-App kostenlos downloaden und öffnen

Seiten mit Audios oder **Videos** scannen

Audios und Videos laden, direkt nutzen oder speichern

Scannen Sie diese Seite für weitere Komponenten zu diesem Titel.

1. Auflage 1 3 2 1 | 2025 2024 2023

Das Lehrwerk ist auf der Basis von **Wir neu** entstanden © 2015 Ernst Klett Sprachen GmbH, Stuttgart.
Originalausgabe von Giorgio Motta © Loescher Editore S.r.L, Torino.

Druck und Bindung Elanders GmbH, Waiblingen

ISBN 978-3-12-**674014**-2

MIX
Paper from responsible sources
FSC® C005370

Symbole im Übungsbuch

1.03 – hören

KB 1–2 – die Lernwörter den Kursbuch-Aufgaben zuordnen

Clip 2 – Grammatik-Clip sehen

Wir starten Modul 9+10

1.01

1 **Wann sind die Geburtstage? Hör zu und notiere.**

1. am ______________________
2. ______________________
3. ______________________
4. ______________________

2 **Wie ist die Nachricht? Ergänze.**

Hey! Ich  ______________ dir herzlich zum Geburtstag! Ich hoffe, du hast viele  ______________ ______________! Hast du schon mein  ______________ ______________? Gefällt es dir? Und vergiss nicht: Wenn du die  ______________ auf dem Kuchen ______________, musst du dir etwas wünschen. Liebe Grüße und bis bald!

3 **Welcher Ort passt? Ergänze die Orte in Großbuchstaben und notiere das Lösungswort.**

Man kann dort …

1. Bücher ansehen und kaufen: in der _ _ _ _ _ _ _ _ _ _ _ _
2. auf den Bus warten: an der _ _ _ _ _ _ _ _ _ _ _ _
3. viele Geschäfte finden: im _ _ _ _ _ _ _ _ _ _ _ _ _ _ _
4. im Urlaub schlafen: im _ _ _ _ _
5. elektrische Geräte kaufen: im _ _ _ _ _ _ _ _ _ _ _ _
6. frisches Obst und Gemüse kaufen: auf dem _ _ _ _ _
7. Parfüm kaufen: in der _ _ _ _ _ _ _ _
8. eine Fähre nehmen: im _ _ _ _ _

Lösungswort: der _ _ _ _ _ N _ _ _ _ _

4 **Was ist alles auf dem Bild? Lies die Sätze und zeichne.**

1. Im Garten ist ein Tisch.
2. Der Tisch steht zwischen zwei Stühlen.
3. Unter dem Tisch liegt ein Ball.
4. Rechts neben dem Haus ist ein Baum.
6. Hinter dem Baum sitzt eine Katze.
7. Vor dem Haus steht ein Auto.
8. An der Ampel warten eine Frau und ein Kind.
9. Über dem Haus fliegen zwei Vögel.

5 **Welche Kleidungsstücke sind das? Ergänze die Vokale und schreib die Wörter.**

1. die Jns *Jeans*
2. der Mntl ....
3. die Bls ....
4. das Hmd ....
5. das Cp ....
6. der Rck ....
7. das Tp ....
8. die Mtz ....
9. die Snkrs ....
10. der Pllvr ....

6 **Wo passen Kleidungsstücke von dir? Notiere wie im Beispiel.**

elegant: die weiße Jeans

1. sportlich: ....
2. elegant: ....
3. bunt: ....
4. originell: ....
5. schrecklich: ....

7 **Findest du noch 10 Wörter zum Thema Wetter? Markiere.**

G	E	W	I	T	T	E	R	T	P	U	C
H	S	O	N	N	E	A	E	N	H	L	W
I	D	L	A	F	E	J	G	R	A	D	I
M	A	K	S	S	C	H	E	I	N	E	N
M	N	E	B	E	L	I	N	R	I	B	D
E	G	T	W	I	N	D	M	E	R	Z	I
L	H	E	I	ß	S	N	G	R	I	D	G

1 Wir sind wieder da!

1 Was ist letztes Wochenende passiert? Wie reagieren die Freunde? Ordne zu.

a. ~~Wow, wie cool.~~ | b. Es war wirklich super! | c. Oh nein! Das ist aber blöd! | d. Ja, das tut mir leid. | e. Ach, nichts Besonderes. | f. Echt? Das war bestimmt lustig!

1. Wie war es in Hamburg bei deinen Cousins? [ ]
2. Am Samstag haben wir eine Stadtrundfahrt gemacht. Hier, schau mal … [a]
3. Emilia und ich sind erst shoppen und dann klettern gegangen. [ ]
4. Was hast du am Wochenende gemacht? [ ]
5. Ich habe dir eine Nachricht geschickt, aber du hast nicht geantwortet. [ ]
6. Mein Handy ist ins Wasser gefallen. Ich habe es verloren … [ ]

1.02

2 Hör die Dialoge und kontrolliere die Antworten aus Übung 1.

G Clip 1

3 Wie war der Samstag? Ergänze die Verben im Perfekt.

antworten | essen | fahren | treffen | kommen | machen | schicken | shoppen gehen

Am Samstag ist meine Freundin Laura zu mir nach Hause ______. Laura hat jetzt ein neues Handy mit einer tollen Kamera. Wir ______ viel Quatsch ______ und Laura ______ ein paar lustige Selfies an unsere Freunde ______. Alle ______ sofort ______! Später ______ wir mit dem Bus ins Stadtzentrum ______. Dort ______ wir noch Matteo und David ______. Wir ______ ______, weil Laura noch keine warme Wintermütze hatte. Danach hatten wir echt Hunger. Deshalb ______ wir dann noch Pizza ______. Das war ein cooler Tag!

4 **Wie kannst du die Sätze kürzer formulieren? Streich Wörter.**

1. Milo und Clara sind zum Brandenburger Tor gefahren und ~~sie~~ haben dort Selfies gemacht.
2. Niko ist nach Hamburg gefahren und er hat dort seine Tante besucht.
3. Marie hat am Computer gespielt und sie hat eine Pizza gegessen.
4. Ali hat abends Hausaufgaben gemacht und er hat danach gechillt.
5. Bilal ist um 6 Uhr aufgestanden und er ist zu seinen Großeltern gefahren.

5 **Was kann man in der Freizeit machen? Ordne zu.**

~~Basketball~~ | ~~einen Ausflug~~ | ~~skaten~~ | Fußball | ein Picknick | tanzen | Tennis | eine Party | joggen | Hockey | Sport | am Computer | Karate | lesen | Gitarre | Judo | Karten | chatten

1. spielen: Basketball, ______________________
2. machen: einen Ausflug, ______________________
3. — : skaten, ______________________

6 **Wann hat Ben was gemacht? Hör die Informationen und verbinde.** 1.03

1. am Mittwoch
2. am Donnerstag
3. am Samstag
4. am Sonntag

a. shoppen gehen
b. schwimmen gehen
c. klettern gehen
d. skaten gehen

7 **Schreib Sätze zu Übung 6.**

1. Ben ist am Mittwoch schwimmen gegangen.
2. ______________________
3. ______________________
4. ______________________

8 **Was hast du letzte Woche gemacht? Wann und mit wem? Schreib 6 Sätze und Fragen ins Heft.**

Ich habe am Samstag mit Freunden Basketball gespielt.
Hast du auch Basketball gespielt?

9 Was erzählt Marie? Lies und ergänze.

sechs Lieder | drei Stunden | ~~am Freitag~~ | total falsch | meinem Bruder | deutschen Rap | aus seinem Zimmer

Am Freitag hatten wir einen tollen Nachmittag! Sofie, Lina und Kira sind nach der Schule zu mir nach Hause gekommen. Zuerst war uns langweilig, aber dann hatten wir die Idee, Karaoke zu singen. Wir hatten so viel Spaß, dass wir ______ ohne Pause gesungen haben! Lina und ich lieben Rap und wir haben zuerst nur ______ gesungen. Kira hat wie immer ______ gesungen. Aber am besten war Sofie. Sie hat ______ von Helene Fischer gesungen und wollte gar nicht mehr aufhören. Das war so lustig, dass wir alle laut mitgesungen haben. ______ hat das gar nicht gefallen. Er ist wütend ______ ______ gekommen und hat die Musik ausgemacht.

10 Welche Fragewörter passen? Lies den Text noch einmal und verbinde.

1. am Freitag	a. Wie lange …?
2. drei Stunden	b. Wie …?
3. deutschen Rap	c. Wann …?
4. total falsch	d. Welchen …?
5. sechs Lieder	e. Woher …?
6. meinem Bruder	f. Wie viele …?
7. aus seinem Zimmer	g. Wem …?

11 Formuliere die Fragen zum Text.

1. Wann hatten Marie und ihre Freundinnen einen tollen Nachmittag?
2. ______
3. ______
4. ______
5. ______
6. ______
7. ______

12 Wie sind die Partizipien und wo passen sie? Notiere.

aufräumen | anhalten | dauern | essen | reparieren | verstehen

Endung -t	Endung -en
gemacht	gekommen
1. ______	4. ______
zugemacht	zurückgekommen
2. ______	5. ______
besucht	verloren
3. ______	6. ______

13 Schreib mit den Verben aus Übung 12 zu jedem Fragewort eine Frage ins Heft.

Wer …? Was …? Wie lange …? Wen …? Warum …? Wann …?
Wo …? Wie viele …? Welche …? Wohin …? Mit wem …? Wie …?

Wer hat die Hausaufgaben nicht gemacht?

14 Welches Verb passt? Ordne zu.

sich verabreden | sich freuen | sich ärgern | sich verspäten | sich unterhalten | ~~sich streiten~~

1

2

3

sich streiten ______ ______

4

5

6

______ ______ ______

15 Ergänze die Sätze zu den Bildern in Übung 14.

1. Gestern war ein blöder Tag. Meine Freundin Mia und ich haben uns gestritten.
2. Typisch Timo! Er hat ______ mal wieder ______.
3. Meine Schwester hat meine neue Hose zu heiß gewaschen. Ich habe ______ so ______.
4. Meine Freundin war gestern bei mir. Wir haben ______ lange ______.
5. Amir hat zum Geburtstag ein Handy bekommen. Er hat ______ sehr ______.
6. Enrico und Leah wollen ins Kino gehen. Sie haben ______ für den Film um 16 Uhr ______.

16 Positiv oder negativ? Ordne zu.

voll cool | voll peinlich | richtig traurig | echt froh | wirklich schön | total spannend | ziemlich nervös | echt super | so lustig

☺ ______

______

☹ ______

17 Was passt besser? Kreuz an.

1. Meine beste Freundin spricht nicht mehr mit mir.
   a. [X] Ich bin richtig traurig. b. [ ] Ich bin echt froh.
2. Meine kleine Schwester kommt leider immer in mein Zimmer, wenn ich Besuch habe.
   a. [ ] Das ist voll cool. b. [ ] Das ist voll peinlich.
3. Wir haben bei Nina einen Film gesehen und alle haben die ganze Zeit gelacht.
   a. [ ] Das war total spannend. b. [ ] Das war so lustig.
4. Morgen fangen die Ferien an.
   a. [ ] Das ist echt super. b. [ ] Das ist richtig traurig.
5. Wir schreiben morgen eine Klassenarbeit.
   a. [ ] Ich bin ziemlich nervös. b. [ ] Ich bin echt froh.
6. Meine Freunde sind immer für mich da, wenn ich traurig bin.
   a. [ ] Das ist voll peinlich. b. [ ] Das ist wirklich schön.

18 Ergänze die Adjektive in der richtigen Form.

1. ● Was möchtet ihr trinken?
   ○ Ich nehme einen ______ Apfelsaft (groß).
   ● Hm, der ______ Apfelsaft (groß) ist mir zu teuer.
   Ich nehme lieber eine ______ Limo (klein).

2. ● Ich habe heute einen ______ Hund (schwarz) vor deinem Haus gesehen.
   ○ Das ist Luna, der ______ Hund (neu) von meiner Tante.

3. ● Gestern war ein ______ Tag (cool). Wir haben eine ______ Radtour (lang) und ein ______ Picknick (toll) am See gemacht. Hattest du auch ein ______ Wochenende (schön)?
   ○ Ja, es war echt lustig. Am Samstag war ich mit Nina im Schwimmbad. Der ______ Bruder (groß) von Nina war auch dabei.
   ● Ach, den ______ Bruder (groß) Bruder von Nina kenne ich auch.
   Der ist total nett und witzig.

19 Besser schreiben: Was ist gestern bei der Radtour passiert? Ergänze passende Adjektive.

Kim und ihre Freundin Jessica haben gestern eine ______ Radtour gemacht. Sie sind an einen ______ See gefahren und haben dort eine ______ Pause gemacht. Sie haben im See gebadet, eine ______ Limo getrunken, ______ Brote gegessen und Quatsch gemacht. Auf der Fahrt nach Hause ist leider plötzlich ein ______ Hund auf die Straße gerannt. Jessica ist mit dem Fahrrad hingefallen und der ______ Hund ist weggerannt.

20 Wie geht die Geschichte in Übung 19 weiter? Schreib 3–4 Sätze.

______
______
______
______
______
______
______

2 So sind wir

1 **Wie beschreibt Leon Felix? Ordne zu.**

aktiv | kleiner | zuverlässig | kurze | sportliche | glatte | Sonnenbrille | braune

Felix ist ein bisschen ______ als ich. Er hat ______, ______ Haare und ______ Augen. Er trägt hier ______ Kleidung und eine neue ______.

Felix hat viele Hobbys. Er skatet, spielt Fußball und ist in der Foto-AG. Er ist wirklich ______. Felix ist mein bester Freund. Er ist echt ______ und hilft mir immer bei Problemen.

2 **Wie kannst du einen Freund / eine Freundin beschreiben? Was passt nicht? Streich durch.**

1. Seine / Ihre Haare sind glatt | blond | lockig | ~~nervös~~ | lang | schwarz.
2. Seine / Ihre Augen sind groß | braun | grün | hell | stark | blau.
3. Seine / Ihre Kleidung ist elegant | schick | sportlich | klassisch | bequem | laut.
4. Er / Sie trägt Ohrringe | einen Laptop | eine Zahnspange | eine Brille | einen Zopf.
5. Er / Sie ist chaotisch | witzig | zuverlässig | kurz | nett | faul | ordentlich.

3 **Was sagen die Freunde über sich? Ordne zu.**

Ausbildung | Schriftsteller | Freiheiten | Informatikerin | Naturschutz | Ordnung

1. Emilia: Ich darf viele Sachen nicht machen. Ich wünsche mir mehr ______.
2. Lisa: Ich liebe Technik und möchte später ______ werden.
3. Leon: Ich möchte später eine ______ als Fotograf machen, weil mir das Fotografieren viel Spaß macht.
   Ich bin nicht so ordentlich, weil ______ für mich nicht wichtig ist.
4. Malik: Ich schreibe gern und möchte später ______ werden.
   Vielleicht lesen viele Leute meine Bücher.
5. Jasmin: Ich bin in einem Verein für ______, weil ich etwas für die Umwelt tun will.

4 Ordne die Wörter und ergänze die Sätze.

1. gehst | in eine andere Schule | jetzt | du

   Es ist schade, dass ______________________________

2. werden | später | ich | Fotograf | will

   Ich fotografiere viel, weil ______________________________

3. habe | nicht | aufgeräumt | mein Zimmer | ich

   Meine Mutter ist böse, weil ______________________________

4. man | engagiert | für Umweltschutz | sich

   Ich finde es wichtig, dass ______________________________

5. den Klimawandel | können | noch | wir | stoppen

   Ich hoffe, dass ______________________________

5 Was sagt Carlos? Ergänze.

Ich ___ ö___ ___ ___ ___
das Spiel gewinnen.

Ich ___ ü___ ___ ___ ___ ___ ___ ___ ___,
dass viele Freunde zum Spiel kommen.

Ich ___ o___ ___ ___,
dass ich ein Tor mache.

Mein größter ___ u___ ___ ___ ___ ist,
dass ich ein Fußballstar werde.

6 Wie sind die Fragen? Ordne zu.

Mensa | Stundenplan | Unterricht | Klassenzimmer | Note | Klassenarbeiten | Schulhof | Fach

1. Wie viele Stunden ______________________ hast du in der Woche?
2. Welches ______________________ macht dir am meisten Spaß?
3. Welche ______________________ hast du in Mathematik?
4. Wie oft schreibst du ______________________?
5. Wie lange brauchst du, bis du deinen ______________________ im Kopf hast?
6. Bleibst du in der Pause im ______________________ oder gehst du auf den ______________________?
7. Isst du gerne in der ______________________?

G Clip 2

7 **Was passt zusammen? Verbinde.**

1. Nele chattet mit ihrer Freundin,
2. Ali hat eine schlechte Note bekommen,
3. Reba und Loy gehen ins Kino,
4. Tim trägt keine Mütze,
5. Ida ist müde,

a. obwohl es sehr kalt ist.
b. obwohl sie neben ihr sitzt.
c. obwohl sie lange geschlafen hat.
d. obwohl er viel gelernt hat.
e. obwohl sie den Film schon kennen.

8 ***weil* oder *obwohl*? Kreuz an.**

	weil	obwohl	
1. Die neue Schule gefällt Max,	X	☐	er eine tolle Mathelehrerin hat.
	☐	☐	er seine Mitschüler noch nicht gut kennt.
2. Max chattet bis ein Uhr,	☐	☐	er morgen um sechs Uhr aufstehen muss.
	☐	☐	er den Klassenchat spannend findet.
3. Max ist im Naturschutzverein,	☐	☐	er mehr für die Umwelt tun will.
	☐	☐	er wenig Freizeit hat.
4. Max räumt sein Zimmer auf,	☐	☐	er Ordnung langweilig findet.
	☐	☐	sein Vater das möchte.
5. Max geht mittags zum Skatepark,	☐	☐	er gerne skatet.
	☐	☐	er noch Hausaufgaben machen muss.

9 **Ergänze die *obwohl*-Sätze.**

1. Ich höre laut Musik,
   obwohl ______________________
2. Ich räume nicht auf,
   ____
3. Ich gehe nicht zum Zahnarzt,
   ____
4. Meine Eltern kaufen mir kein Geschenk,
   ____
5. Ich spiele am Computer,
   ____
6. Ich nehme die Kopfhörer von meinem Bruder,
   ____

10 **Besser schreiben: Wie kannst du die Sätze verbinden? Schreib den Text ins Heft.**

- Ich gehe jetzt in eine neue Schule.
  Wir sind vor 3 Monaten von Hamburg nach Berlin gezogen. (weil)
- Die neue Schule ist ganz okay. Ich vermisse meine Freunde sehr. (aber)
  Ich chatte oft mit ihnen. (deshalb)
- Ich bin viel am Handy. Meine Freunde sind für mich wichtig. (weil)
- Meine Eltern verstehen das nicht. Ich habe es ihnen oft erklärt. (obwohl)
- Ich habe Ferien. Ich fahre nach Hamburg. (wenn)
  Wir treffen uns endlich wieder. (und)
- Ich freue mich. Wir sehen uns alle bald wieder. (dass)

Ich gehe jetzt in eine neue Schule, weil wir vor 3 Monaten ...

1.04

11 **Was finden die Jugendlichen an ihrer Schule gut, was nicht? Hör zu, nummeriere das Thema und schreib + oder –.**

☐	Klassenzimmer	◯	☐	Tests	◯	☐	AGs	◯
1	Stundenplan	–	☐	Noten	◯	☐	Mensa	◯

12 **Wie ist es in deiner Schule? Lies die Sätze und reagiere mit einem Satz aus Aufgabe 14 im Kursbuch.**

1. Unser Klassenzimmer ist toll. Es ist hell und wir haben viel Platz.

   ____

2. Das Essen in der Mensa schmeckt echt lecker!

   ____

3. Dieses Jahr ist der Stundenplan wirklich schlimm.

   ____

4. Es ist nicht gut, dass wir in jedem Fach Noten bekommen.

   ____

13 Wie sind die Mitschüler und Mitschülerinnen? Kreuz das richtige Adjektiv an.

1. Luis lädt die anderen oft ein. Er ist ☐ großzügig. ☐ hilfsbereit.
2. Emma erzählt lustige Geschichten. Sie ist ☐ witzig. ☐ peinlich.
3. Amir engagiert sich sehr für Naturschutz. Er ist ☐ verrückt. ☐ idealistisch.
4. Selina macht jeden Tag sehr viele Sachen. Sie ist oft ☐ langsam. ☐ gestresst.
5. Nathan ist immer für seine Freunde da. Er ist ☐ zuverlässig. ☐ pünktlich.
6. Alex spricht nicht gern vor der ganzen Klasse. Er ist ☐ schüchtern. ☐ leise.
7. Kira spricht ohne Probleme vor der ganzen Klasse. Sie ist ☐ stolz. ☐ selbstbewusst.

14 Wie sind die Gegenteile? Ordne zu.

klug | schüchtern | pünktlich | laut | unglücklich | ordentlich | unmusikalisch | ruhig

1. nervös ↔ ____________
2. unpünktlich ↔ ____________
3. leise ↔ ____________
4. chaotisch ↔ ____________
5. dumm ↔ ____________
6. glücklich ↔ ____________
7. selbstbewusst ↔ ____________
8. musikalisch ↔ ____________

15 Was macht Erik? Ordne die Wörter und ergänze die Sätze.

1. hört | dann | oft | Musik | er

   Wenn Erik zu Hause chillt, ____________

   ____

2. schlechte Laune | hat | er | meistens

   Wenn Erik früh aufstehen muss, ____________

3. dann | Erik | sofort | antwortet

   Wenn ein Freund ein Selfie postet, ____________

4. er | mit Freunden | dann | chattet

   Wenn Erik sich langweilt, ____________

5. nervös | wird | er | sofort

   Wenn Erik sein Handy nicht mehr findet, ____________

6. er | zuerst | sieht | dann | in den Kühlschrank

   Wenn Erik nach Hause kommt, ____________

   ____

16 Was machen Ronni und Hanna, wenn sie …? Hör zu und ordne zu.

1.05

1. laut Musik hören | 2. mit Freunden chillen | 3. ein Buch lesen | 4. Freunde anrufen | 5. laut singen | 6. Freunden eine Nachricht schicken

	Ronni	Hanna
1. nicht schlafen können	6	
2. Stress in der Schule haben		
3. gute Laune haben		

17 Schreib Sätze mit den Informationen aus Übung 16 ins Heft. Variiere die *wenn*-Sätze wie im Beispiel.

1. Wenn Ronni nicht schlafen kann, schickt er seinen Freunden eine Nachricht.
Ronni schickt seinen Freunden eine Nachricht, wenn er …

18 Wähl einen Freund / eine Freundin und schreib einen Text über ihn / sie.

- Wie sieht er / sie aus?
- Wie ist er / sie?
- Was macht er / sie, wenn er / sie gute Laune hat?
- Was macht er / sie, wenn er / sie nervös ist?
- Was ist für ihn / sie wichtig oder unwichtig?
- Was ist sein / ihr größter Wunsch?
- Warum magst du ihn / sie?

3 Darfst du das?

1 **Welche beiden Sätze sagt Jasmins Mutter? Kreuz an.**

1. ☐ Du kannst das Papa später erklären.
2. ☐ Da bist du ja endlich!
3. ☐ Du darfst nicht so spät kommen!
4. ☐ Hängst du deine Klamotten bitte auf?

2 **Welche Reaktion passt? Lies die Dialoge und ordne zu.**

Tut mir leid. | Das ist unfair. | Ich kann jetzt nicht. | Das sagst du immer.

1. ● Levi, das geht so nicht! Du bist erst 14. Du musst um 21 Uhr zu Hause sein.
   ○ Alle dürfen abends länger unterwegs sein. ______
2. ● Einen Moment, Papa. Ich mache das Spiel zu Ende und dann decke ich den Tisch.
   ○ ______ Du sollst jetzt den Tisch decken, Levi!
3. ● Die Waschmaschine ist fertig. Levi, kannst du bitte die Wäsche aufhängen?
   ○ ______ Ich mache das später.
4. ● Levi, du hast mit deinen Freunden gekocht und die Küche ist jetzt total schmutzig.
   ○ ______ Ich putze die Küche gleich, Mama.

3 **Was denkt Alissa? Ergänze *können* oder *nicht müssen*.**

1 Ich ______ heute den ganzen Tag chillen.

2 Ich ______ mit dem Schulbus fahren.

3 Ich ______ in der Mensa essen.

4 Ich ______ meine Lieblingspizza essen.

4 Was sagt die Bibliothekarin? Ergänze *müssen* oder *nicht dürfen*.

1. Du ______________________ telefonieren!
2. Du ______________________ leise sein!
3. Du ______________________ draußen essen und trinken!
4. Du ______________________ in die Bücher schreiben!

5 Was soll Marc machen? Sieh die Sprechblasen an und schreib Sätze wie im Beispiel.

1. Marc soll seine Sportsachen aufräumen.
2. ______________________
3. ______________________
4. ______________________
5. ______________________

____

6 Was antwortet Lena ihrer Freundin Elif? Hör zu und kreuz an.

1.06

	Ja.	Doch.	Nein.
1. Gehen wir heute alle ins Kino?	☐	☐	☐
2. Gehen wir heute nicht ins Kino?	☐	☐	☐
3. Treffen wir uns um acht Uhr vor dem Kino?	☐	☐	☐
4. Wir treffen uns nicht um acht Uhr vor dem Kino?	☐	☐	☐

7 Welche Fragen hat Elif noch? Lies die Antworten und notiere.

1. ● ______________________________
   ○ Doch, wir fahren mit der U-Bahn zum Kino.
2. ● ______________________________
   ○ Doch, der Bruder von Jan kommt mit.
3. ● ______________________________
   ○ Nein, Tina darf nicht mitkommen.
4. ● ______________________________
   ○ Doch, die Mutter von Jan holt uns vom Kino ab.
5. ● ______________________________
   ○ Ja, wir sind sicher vor 22 Uhr zu Hause.

8 Welche Aufgaben gibt es bei Familie Schubert? Ordne die Bilder zu.

1

2

3

4

5

6

7

8

9

10

- ☐ den Tisch decken
- ☐ das Zimmer aufräumen
- ☐ den Salat waschen
- ☐ den Müll rausbringen
- ☐ die Schuhe putzen
- ☐ das Mittagessen kochen
- ☐ die Wäsche aufhängen
- ☐ das Bad putzen
- ☐ das Gemüse schneiden
- ☐ das Geschirr spülen

9 Und wer macht was? Ergänze Verben aus Übung 8.

Bei uns zu Hause muss jeder mithelfen. Mama oder Papa __________ jeden Tag das Mittagessen. Mein kleiner Bruder Sam hilft ihnen oft in der Küche. Er __________ den Salat und __________ das Gemüse. Ich __________ immer den Tisch und manchmal __________ ich auch die großen Töpfe. Mama __________ das Bad und die Küche und Papa __________ für uns alle die Wäsche __________.

Manchmal gibt es Streit, weil Sam nach dem Fußballtraining mal wieder seine Schuhe nicht __________ will. Ich __________ mein Zimmer auch nicht jede Woche __________ und das ärgert meine Eltern. Sie lieben Ordnung, aber ich nicht!

10 Lies den Text in Aufgabe 9 im Kursbuch und notiere kurze Antworten.

1. Darf man mit 13 Jahren arbeiten? Ja.
2. Ab wann darf man ohne Eltern in den Urlaub fahren? __________
3. Braucht man mit 14 einen Personalausweis? __________
4. Ab wann kann man eine Ausbildung machen? __________
5. Darf man mit 17 Jahren den Führerschein machen? __________
6. Wie lange darf man mit 18 in die Disko gehen? __________

11 Was passt? Ergänze die Sätze mit *schon*, *noch nicht* und *erst*.

1. ● Kann ich die Nudeln __________ ins Wasser geben, Flora?
   ○ Nein, __________.
   Das Wasser ist kalt. Es muss __________ kochen.

2. ● Flora, darfst du __________ Auto fahren?
   ○ Nein, ich bin __________ 16 Jahre alt. Ich darf __________ Auto fahren.

12 Was ist erlaubt, was ist verboten? Schreib Sätze zu den Fotos mit den drei Angaben.

laut mitsingen | Fahrräder parken | Hunde mitbringen

1

2

3

4

5

6

1. Es ist erlaubt, laut mitzusingen.
2. ……………………
3. ……………………
4. ……………………
5. ……………………
6. ……………………

13 Wie sind die Satzanfänge? Ordne zu.

keine Lust | super | gute Idee | keinen Spaß | blöd

🙂	☹️
Ich finde es toll, …	Ich finde es ……………, …
Es ist ……………, …	Es ist anstrengend, …
Es ist eine ……………, …	Es ist keine gute Idee, …
Es macht Spaß, …	Es macht ……………, …
Ich habe Lust, …	Ich habe ……………, …

14 **Wie findest du das? Schreib Sätze mit den Satzanfängen aus Übung 13 ins Heft.**

1. Taschengeld sparen
2. ohne Eltern in Urlaub fahren
3. Nachhilfe geben
4. Karaoke singen
5. am Sonntag lange schlafen
6. den Müll rausbringen

1. Ich habe keine Lust, Taschengeld zu sparen.

15 **Besser schreiben: Lies den Text und schreib eine Antwort ins Heft. Der Notizzettel hilft dir.**

Hallo Leute, ich bin so wütend! Ich liebe Fotografieren und bin schon seit 2 Jahren in einer Foto AG. Letzte Woche hatte ich einen Unfall mit dem Fahrrad und meine Kamera ist mir dabei aus der Tasche gefallen. Jetzt ist sie total kaputt. Mein Bruder hat letztes Jahr eine neue Kamera zu Weihnachten bekommen, obwohl er sich fast nur für Sport interessiert. Wenn er Fotos macht, dann nimmt er meistens sein Handy. Die Kamera benutzt er echt selten. Aber er möchte mir seine Kamera nicht geben. Er sagt, ich soll mir selbst zum Geburtstag eine Kamera wünschen. Bis zu meinem Geburtstag sind es noch 3 Monate und ich brauche jetzt eine Kamera für die Foto AG. Meine Eltern sagen, dass ich noch einmal mit meinem Bruder sprechen soll. Sie meinen, dass ich ihm für die Kamera vielleicht mein altes Rennrad geben kann. Was meint ihr?

- gut verstehen: wütend sein
- nicht nett: Kamera nicht geben, sie nicht brauchen
- Eltern recht haben
- Rennrad geben, Kamera bestimmt benutzen können
- wichtig: noch einmal mit Bruder sprechen

Liebe Ayla,
ich verstehe …, dass …
Es ist …, dass …, obwohl …
Ich glaube, dass …
Wenn …, dann …
Deshalb …
Viele Grüße

16 **Worüber diskutieren Henry und sein Vater? Ordne das Gespräch.**

- [ ] Ja, ich weiß, aber das Konzert ist echt wichtig für mich.
- [ ] Es geht um das Konzert am Freitag.
- [ ] Mustafa kommt auch mit und seine Mutter kann uns abholen.
- [1] Hast du kurz Zeit? Ich möchte mit dir reden.
- [ ] Aber ich kann bei Mustafa schlafen. Seine Eltern erlauben es. Und dann kann ich am Samstagvormittag mit der U-Bahn zurückfahren.
- [ ] Das ist eine gute Idee.
- [ ] Hm, aber Mustafa wohnt weit weg von uns. Dann ist seine Mutter richtig lange unterwegs.
- [2] Ja, natürlich. Was ist los?
- [ ] Okay, was schlägst du vor?
- [ ] Ach Henry, über das Konzert haben wir doch schon gesprochen. Es dauert bestimmt bis 23 Uhr und ich kann dich nicht abholen. Du weißt doch, dass unser Auto kaputt ist.

1.07 **17** **Hör das Gespräch und kontrolliere deine Lösung in Übung 16.**

Wortschatz Modul 9

1 Wir sind wieder da!

➔ KB 1–6

		Meine Sprache
die Stadtrundfahrt, -en		
die Fahrradtour, -en		

➔ KB 7–14

der Sender, -	Radio Krach, der coole Jugendsender!	
die Sendung, -en		
der Feiertag, -e		
der Kartoffelpuffer, -		
der Teig, -e		
das Apfelmus (Singular)		
der Unfall, ¨-e		
der Boden, ¨	Der Teller ist auf den Boden gefallen.	
anhalten	*ich halte an, du hältst an, …*	
zurückkommen		
reparieren		
sich verabreden	Ich habe mich mit meinen Freunden um 12 Uhr verabredet.	
sich ärgern		
sich streiten (mit)		
weg sein	Ich war schon fast weg, da …	
weinen		
merken		
sich unterhalten	Wir haben uns unterhalten und Quatsch gemacht.	
stolpern		
langsam		
typisch		
peinlich		
live		

		Meine Sprache
wahr		
sofort		
voll	Es war voll peinlich!	
richtig	Ich war richtig traurig!	
zum letzten Mal		
Das macht nichts!		
Stopp!		

KB 15–21

der Geldbeutel, -		
sich vorstellen	Stell dir vor: …	
sich umdrehen		
sich entschuldigen		
unglaublich		
etwas Lustiges / Komisches / Blödes / …	Letzte Woche ist mir etwas Lustiges passiert!	
gar nichts		
Das ist ja doof!		
Das freut mich!		

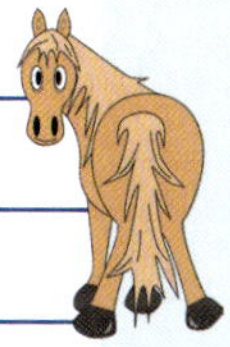

1 **Maskulin, neutral oder feminin? Markiere in der Wortliste.**

die Stadtrundfahrt, -en	

2 **Sieh die Wortliste an und sprich alle Pluralformen laut.**

die Stadtrundfahrten

3 **Welche Verben sind trennbar? Markiere in der Wortliste.**

anhalten	

4 **Wie ist die Konjugation? Sprich die Verbformen laut.**

ich halte an, du hältst an, …

5 **Markiere die *sich*-Verben.**

X sich verabreden	Ich habe mich mit meinen Freunden um 12 Uhr verabredet.

6 **Wie sind die Verbformen? Ergänze die Tabelle.**

sich unterhalten	**sich umdrehen**
ich unterhalte mich	ich drehe mich um

7 **Welche Wörter kannst du dir noch nicht so gut merken? Ergänze Beispielsätze, zeichne Bilder oder übersetze die Wörter.**

weinen	

8 **Kurz oder lang? Sprich alle Wörter auf der Wortliste laut.**

langsam

typisch

2 So sind wir

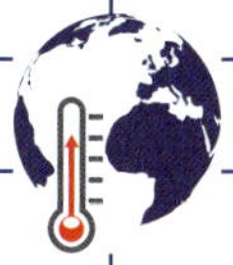

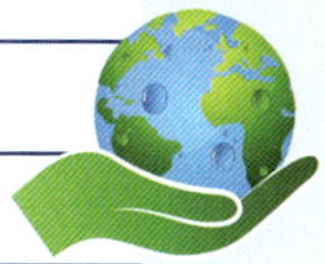

→ KB 1–7

		Meine Sprache
die Ausbildung, -en	Leon macht eine Ausbildung als Fotograf.	
die Freiheit, -en		
der Naturschutz (Singular)		
der Klimawandel (Singular)		
die Ordnung (Singular)		
der Wunsch, ¨-e		
die Welt, -en	die Weltreise	
der Schriftsteller, - die Schriftstellerin, -nen		
sich engagieren		
stoppen	Ich hoffe, dass die Menschen den Klimawandel stoppen!	
sich identifizieren (mit)	Ich identifiziere mich mit Felix.	
elektronisch		
idealistisch		
berühmt		

→ KB 8–15

der Mitschüler, – die Mitschülerin, -nen		
der Test, -s		
kennenlernen		
sicher	Da bin ich mir sicher!	
obwohl		
überhaupt		
anders	Das sehe ich anders.	

→ KB 16–21

das Kompliment, -e		
die Auswertung, -en	Lies die Auswertung zum Test.	
der Punkt, -e		

		Meine Sprache
der Mittelpunkt, -e	Du stehst gern im Mittelpunkt.	
die Stärke, -n	Was sind deine Stärken?	
der Traum, ¨-e		
die Kritik, -en		
die Präsentation, -en		
die Laune, -n	Ich habe heute gute / schlechte Laune.	
herausfinden	Finde heraus, wie du bist!	
anklopfen		
kritisieren		
nachdenken		
überreden		
akzeptieren		
klingeln		
sich langweilen		
schüchtern		
selbstbewusst		
musikalisch		
golden		
die anderen	Denk auch an die anderen!	
eher		

1 **Welche Nomen in der Wortliste haben diese Endungen? Notiere sie mit Artikel.**

-ung: die Ausbildung, ____________________

-heit: ____________________

-ion: ____________________

2 **Wie viele trennbare Verben findest du? Markiere.**

kennenlernen	

3 Mit welchen Adjektiven aus der Wortliste kannst du eine Person beschreiben? Notiere.

4 Welche Nomen aus der Wortliste passen? Ergänze.

1. die ______ – ordentlich
2. der ______ – wünschen
3. die ______ – kritisieren
4. der ______ – schreiben

5 Welche Wörter fehlen? Ergänze.

1. Das finde ich ______ nicht.
2. Das sehe ich ______.
3. Er ist ______ schüchtern.

3 Darfst du das?

KB 1–7		Meine Sprache
die Wäsche, -n		
das Geschirr (Singular)		
der Müll (Singular)		
das Mal, -e		
aufhängen	Wir sollen die Wäsche aufhängen.	
rausbringen		
zurückbringen	Ich bringe das Buch in die Bibliothek zurück.	
packen		
spülen	Wir müssen noch das Geschirr spülen.	
unfair		
erst		

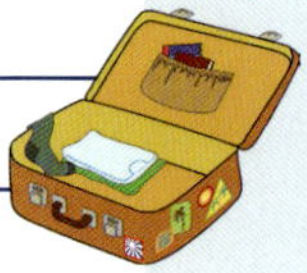

KB 8–15		
die Disko, -s		
der Roller, -		
das Mofa, -s		
das Recht, -e		
das Taschengeld, -er		
der Urlaub, -e		
die Lehre, -n		
der Führerschein, -e		
die Pflicht, -en		
der Personalausweis, -e		
der Vertrag, ¨-e		
das Gesetz, -e		
die Wahl, -en		
Auto fahren		
wählen		
erfahren	*ich erfahre, du erfährst, …*	
gehören	Dein Taschengeld gehört dir.	

		Meine Sprache
entscheiden		
erlauben		
verbieten		
verdienen	Ab 13 darfst du Geld verdienen.	
sparen		
begleiten		
unterschreiben		
sich halten an	Du musst dich an das Gesetz halten.	
erlaubt ↔ verboten		
erwachsen		
maximal		
spätestens		

➔ KB 16–24

die Nachhilfe (Singular)	Ich kann dir Nachhilfe in Mathe geben.	
vorschlagen	*ich schlage vor, du schlägst vor, …*	
jobben		
babysitten		
dagegen ↔ dafür	Sie sind dagegen, aber ich bin dafür.	
Was ist los?		
es geht um	Es geht um mein Handy.	

1 **Was ist Geschirr? Notiere 3 Beispiele.**

____

2 **Welche Verben passen? Ergänze.**

1. das Geschirr ______________
2. die Wäsche ______________
3. den Müll ______________
4. die Bücher ______________

3 **Sieh die Wortliste an und sprich die Pluralformen aus KB 8–15 laut.**

die Diskos

4 **Welche Verben aus der Wortliste passen? Notiere.**

1. Man arbeitet und bekommt Geld für die Arbeit. = ____________________
2. Man hat Geld und kauft oder bezahlt nichts von dem Geld = ____________________
3. Man sagt, dass jemand etwas nicht machen darf. = ____________________
4. Man schreibt seinen Namen unter einen Vertrag. = ____________________
5. Man gibt einen Rat oder hat einen Tipp. = ____________________

5 **Ergänze die Frage.**

_ _ _ _ _ _ _ _ _ _ _ _ _ _ _?

6 **Welches Wort fehlt? Verbinde.**

1. Ich bin schon 14, aber mein Bruder ist … 5 Jahre alt.
2. Oh, schon 17:30 Uhr! Ich muss … um 18 Uhr zu Hause sein.
3. Zu meinem Geburtstag darf ich … 8 Freunde einladen.

a. maximal
b. erst
c. spätestens

Schreibtraining

1 **Was ist Tim und Lisa passiert? Sieh die Bilder an und erzähl dir selbst vor dem Schreiben die Geschichte. Die Angaben unten helfen.**

1. Tim: eine Kiste vor das Haus stellen
2. Lisa auf ihrem Roller sehen
3. anhalten und ihren Roller neben die alten Sachen stellen
4. sich unterhalten
5. ein Junge zu Fuß kommen und vor der Kiste mit den Sachen anhalten
6. den Roller nehmen und losfahren, laut „Stopp“ rufen

Tim hat eine Kiste vor das Haus gestellt.

2 **Lies den Anfang der Geschichte zu Bild 1 und Bild 2. Wie wird die Geschichte interessant? Welche Informationen kommen dazu? Vergleich mit den Angaben und markiere.**

Tim hat am Samstag eine Kiste mit alten Büchern und Kleidern vor das Haus gestellt. Auf die Kiste hat er „zu verschenken“ geschrieben. Er hat gerade einen alten Stuhl neben die Kiste gestellt und plötzlich Lisa auf ihrem Roller gesehen.

3 **Schreib den Anfang der Geschichte in dein Heft.**

4 **Wie geht es weiter? Verwende die Angaben in Übung 1 und ergänze weitere Informationen.**

Lisa hat angehalten und ...

1 So würde ich gern wohnen!

1 Mit welchen beiden Sätzen beschreibt Emilia ihre Wohnung? Kreuz an.

1. ☐ Wir wohnen im dritten Stock.
2. ☐ Wir haben hohe Decken und große Fenster.
3. ☐ Unser Haus gefällt mir sehr gut, besonders der Garten.
4. ☐ Ich kann von meinem Zimmer aus den Park sehen.

2 Was passt zu einem Altbau und was passt zu einem Reihenhaus? Verbinde.

- alte Tür
- kleiner Garten
- Nachbarn im Haus
- hohe Decken
- Garage neben dem Haus
- viele große Fenster
- dünne Wände
- neue Treppe
- vierter Stock
- großer Keller

3 Was ist richtig? Kreuz an.

1. Unser Besuch schläft ☐ im Gästezimmer ☐ im Schlafzimmer.
2. Wir grillen im Sommer oft ☐ auf dem Dach ☐ im Garten.
3. Abends sehen wir ☐ auf dem Balkon ☐ im Wohnzimmer fern.
4. Wir kochen ☐ in der Küche ☐ im Arbeitszimmer.
5. Unser Auto steht immer ☐ im Keller ☐ in der Garage.
6. Unsere Toilette ist ☐ im Bad ☐ in der Dusche.

4 Ordne die Fotos zu und ergänze die Adjektivendungen.

1

2

3

☐ Hier steht ein großes, blau___ Sofa, ein klein___, rund___ Tisch und zwei gemütlich___ Sessel. Neben dem Fenster steht ein groß___, braun___ Schrank.

☐ Ganz rechts ist ein groß___ Kühlschrank, links ist ein groß___, weiß___ Regal und ein modern___ Herd. An der Wand hängt eine praktisch___ Uhr. In der Mitte stehen ein weiß___ Tisch und ein weiß___ Stuhl. Über dem Tisch hängt eine rund___ Lampe.

☐ Hier steht ein groß___, gemütlich___ Bett. Links in der Ecke ist ein weiß___ Sessel und neben dem Sessel steht eine groß___ Lampe.

5 Was sagen Marcel und Dana? Ergänze die Adjektive im Nominativ oder Akkusativ.

● Schau mal, das ist mein ___ Zimmer (neu). Na, wie findest du es?

○ Oh toll, das Zimmer ist viel heller als dein ___ Zimmer (alt). Du hast deinen ___ Sessel (bequem) ans Fenster gestellt. Das ist echt gemütlich. Stell doch noch den ___, ___ Tisch (klein, rund) daneben.

● Gute Idee, und zum Lesen brauche ich auch noch eine ___ Lampe (hell).

○ Stimmt und einen ___ Teppich (schön) brauchst du auch noch. Dann ist es perfekt!

6 Was passt zusammen? Verbinde.

1. Ich teile mir ein Zimmer mit
2. Unser Hund spielt gern in
3. Wir grillen morgen mit
4. Wir machen oft Urlaub auf

a. unserem großen Garten.
b. einem ruhigen Campinglatz.
c. meiner kleinen Schwester.
d. unseren neuen Nachbarn.

7 Wie wohnen die Leute? Schreib Sätze wie im Beispiel ins Heft.

1. Familie Wagner: Haus alt | in | Stadtteil ruhig

   Familie Wagner hat ein altes Haus in einem ruhigen Stadtteil.

2. Alissa: Zimmer eigen | mit | Balkon klein
3. Familie Meyer: Wohnung gemütlich | in | Wohnblock neu
4. Josha: Zimmer hell | mit | zwei Fenster groß
5. Familie Pereira: Reihenhaus neu | mit | Garage groß
6. Karim und Sina: Wohnung groß | in | Hochhaus modern

8 Wo ist das? Ordne zu.

☐ 

☐ 

☐ 

☐ 

1. im Stadtzentrum 2. auf dem Land 3. in einer Großstadt 4. in einer Kleinstadt

9 Wo wohnen Ida und Tarek und wo möchten sie lieber wohnen? Hör zu und verbinde.

1.08

a. wohnt in einem Neubau in Hamburg
b. wohnt im Stadtzentrum in einer Kleinstadt
c. wohnt gern in der Stadt
d. würde lieber auf einem Hausboot wohnen
e. würde lieber in einem Wohnwagen leben
f. würde lieber auf dem Land wohnen

10 Was passt? Ordne die Wörter zu.

~~fast niemand~~ | ~~viele~~ | alle | niemand | die Hälfte | wenige | die meisten | ein Drittel

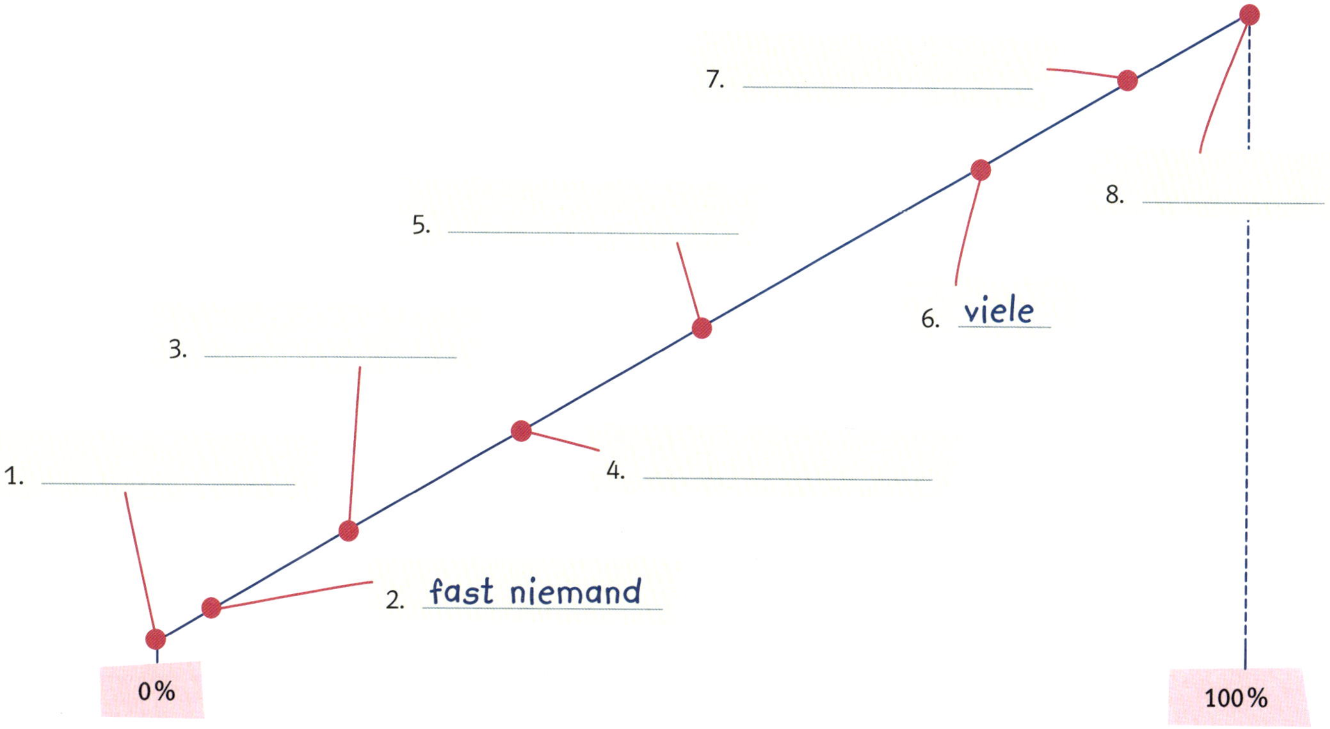

11 Über welche Themen sprechen die Deutschen? Sieh die Statistik an und ordne die Sätze.

Über welche Themen sprechen Sie oft?

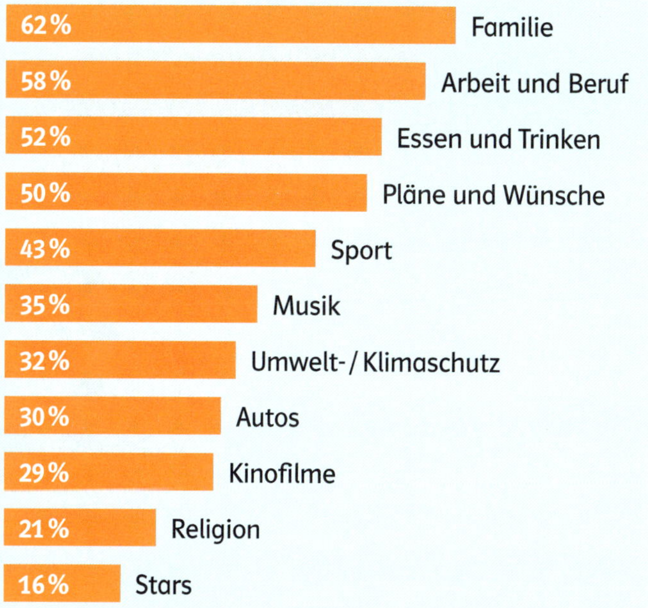

Mehrfachnennungen waren möglich — vgl. @ Statista 2022

- [ ] Die Hälfte spricht oft über Pläne und Wünsche.
- [ ] Fast ein Drittel spricht gern über Kinofilme und Autos.
- [ ] Viele sprechen auch oft über Arbeit und Beruf.
- [1] Die meisten Deutschen sprechen oft über die Familie.
- [ ] Etwas mehr als die Hälfte spricht gern über Essen und Trinken.
- [ ] Nur wenige sprechen über berühmte Personen und Stars.
- [ ] Etwas mehr als ein Drittel spricht oft über Musik.

G Clip 3

12 **Wie würde Tarek gern leben? Ergänze die Verben im Konjunktiv II.**

kochen | spazieren gehen | lesen | fahren | besuchen | ~~wohnen~~ | liegen

Ich würde gern in einem Wohnwagen auf dem Land wohnen. Dann ________ ich jeden Tag mit dem Fahrrad zur Schule in die Kleinstadt ________. Am Abend ________ ich mit meinem Hund lange ________. Meine Freunde ________ mich am Wochenende oft ________ und dann ________ wir etwas Leckeres ________. Im Sommer ________ ich in einer Hängematte neben dem Wohnwagen ________ und viele spannende Bücher ________.

13 **Was passt wo? Ordne zu.**

~~einen Hund~~ | viel unterwegs | mehr Zeit für Freunde | Nachhilfe geben | schon 18 | ein eigenes Zimmer | selbstbewusster | neue Möbel | Mofa fahren | mehr in der Natur | alles selbst entscheiden | Einzelkind | mehr Taschengeld

Ich hätte gern einen Hund, ________

Ich wäre gern ________

Ich würde gern ________

14 **Besser schreiben: Wie stellt sich Ida das Leben auf einem Hausboot vor? Schreib den Text ins Heft.**

Hausboot wohnen | viel draußen sein | oft schwimmen | online arbeiten | ihr Boot als Taxi benutzen | viele Leute kennenlernen | sich nicht langweilen | glücklich sein | ein tolles Leben haben

Ida würde gern auf einem Hausboot wohnen.
Dann … und …
Vielleicht … oder
… und …
…, weil …

15 **Was passt zusammen? Ordne zu.**

1. einen besonderen Lebensstil
2. in ferne Länder
3. in einem Wohnmobil
4. etwas Neues
5. tolle Erfahrungen
6. viele Menschen
7. wilde Tiere

a. reisen
b. sammeln
c. haben
d. kennenlernen
e. erleben
f. sehen
g. leben

1	2	3	4	5	6	7

16 **Was kannst du die anderen in deiner Klasse fragen? Notiere 5 Fragen mit den Kombinationen aus Übung 15 ins Heft.**

Habt ihr …? Wart ihr schon einmal …? Würdet ihr gern …?

1.09

17 **Was sagen die Jugendlichen über ihr Leben in einer Großstadt und in einem Dorf? Hör die Radiosendung und ordne zu. Zwei Angaben bleiben übrig.**

1. viel Ruhe | 2. Platz für zwei Hunde | 3. viele Sportvereine | 4. kurze Wege | 5. viel Verkehr | 6. zu wenig Busse

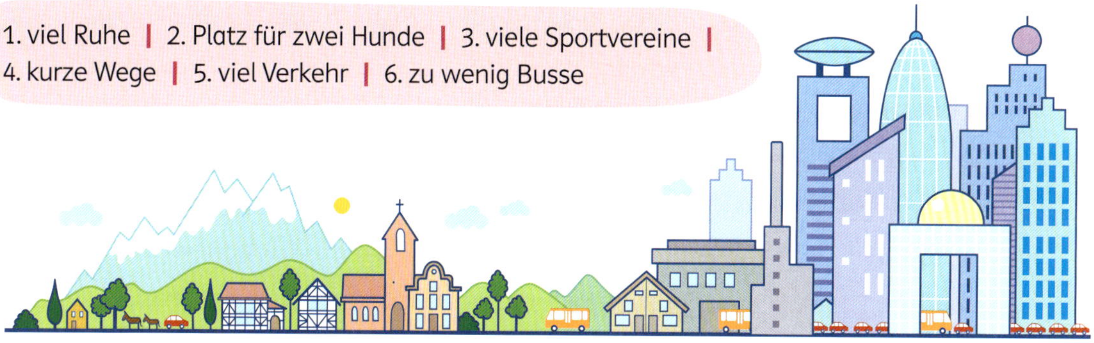

	Vorteil	Nachteil
Mona: Großstadt	☐	☐
Finn: Dorf	☐	☐

18 **Wohnst du in der Stadt oder auf dem Land? Was sind Vorteile oder Nachteile für dich? Mach dir zuerst Notizen und schreib dann einen Text ins Heft.**

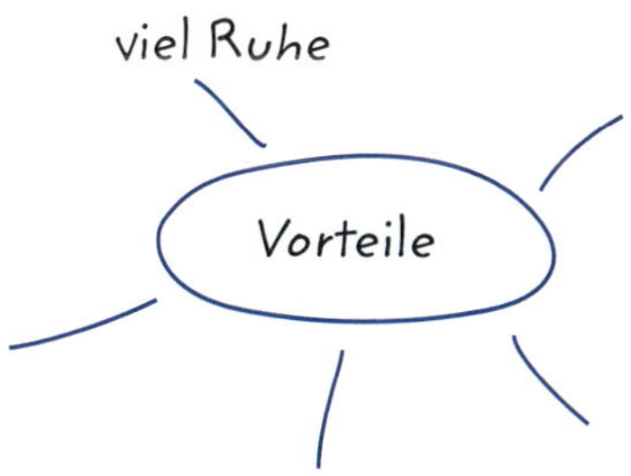

Ich wohne …
Ein Vorteil ist, dass … (und dass …)
Noch ein Vorteil ist, dass …
Ein Nachteil ist, dass …
Außerdem ist es nicht so gut, dass …

2 Das tun wir für die Umwelt

1 Was sagen Lisa und Malik? Lies die Sätze und ordne zu.

a. Das ist ja ein Zufall! | b. Überleg doch mal! | c. Ja, du hast recht. | d. So ein Pech!

1. Hi! Du fährst heute auch mit der U-Bahn? ☐
2. Mein Kopfhörer ist heute kaputtgegangen. ☐
3. Du könntest den Kopfhörer einfach selbst reparieren! ☐
4. Wie viele Kopfhörer kaufst du pro Jahr? ☐

2 Was könnten sie machen? Ergänze die Vorschläge.

1. ● Mein kleiner Bruder wird 6 Jahre alt und ich habe noch kein Geschenk für ihn.
   ○ Du ______ ihm ein Spielzeugauto schenken.
2. ● Was machen wir am Wochenende?
   ○ Wir ______ ins Kino gehen.
3. ● Oh nein, deine Straßenbahn hat Verspätung? Der Film fängt in 10 Minuten an.
   ○ Kein Problem, ich beeile mich. Aber ihr ______ schon die Tickets kaufen.
4. ● Ich kann heute nicht mit dir ins Schwimmbad gehen. Ich muss bei Ava bleiben.
   ○ Deine kleine Schwester ______ doch mitkommen!
5. ● Oma und Opa haben angerufen. Sie möchten uns gern mal wieder sehen.
   ○ Sie ______ uns doch nächstes Wochenende besuchen.
6. ● Gehen wir heute Mittag in den Skatepark?
   ○ Gern, ich ______ dich um 14 Uhr zu Hause abholen, okay?

3 Wie heißen die Dinge? Ordne das Material zu.

Stoff | Holz | Papier | Plastik | Glas

1. die ______flasche 2. die ______tasche 3. die ______tüte
4. das ______spielzeug 5. die ______flasche

4 Welche Vorteile und Nachteile haben die Dinge? Schreib Sätze wie im Beispiel.

1. Stofftaschen – Papiertüten (praktisch / schwer)
   Stofftaschen sind praktischer als Papiertüten, aber Stofftaschen
2. Holzstühle – Plastikstühle (schön / teuer)
3. Fahrräder – Mofas (umweltfreundlich / langsam)

5 Was ist richtig? Kreuz an und kontrolliere deine Antworten mit der Lösung unten.

1. Stofftaschen kosten
   a. ☐ genauso viel wie Papiertüten.
   b. ☐ mehr als Papiertüten.
2. Züge produzieren
   a. ☐ genauso wenig CO_2 wie Busse.
   b. ☐ weniger CO_2 als Busse.
3. Akkus sind
   a. ☐ genauso umweltfreundlich wie Batterien.
   b. ☐ umweltfreundlicher als Batterien.
4. In Deutschland fahren die Menschen
   a. ☐ genauso oft mit dem Auto wie mit dem Fahrrad zur Arbeit.
   b. ☐ öfter mit dem Auto als mit dem Fahrrad zur Arbeit.

6 Welche Gegenstände sind aus Glas, Holz oder Kunststoff? Welche sind aus Metall, Papier oder Stoff? Schreib Sätze wie im Beispiel.

1. Die Sonnenbrille ist aus Kunststoff.
2.
3.
4.
5.
6.

Lösung zu Aufgabe 5: 1b, 2a, 3b, 4b

7 Was passt zusammen? Verbinde.

1. Mehrwegflaschen
2. Stofftaschen
3. Geräte
4. CO_2
5. Strom

a. verwenden
b. verbrauchen
c. produzieren
d. kaufen
e. ausschalten

8 Wie ist es bei dir und deiner Familie? Schreib Sätze mit den Wörtern aus Übung 7 ins Heft.

1. Wenn meine Familie Getränke kauft, …
2. Wenn wir Obst und Gemüse kaufen, …
3. Wenn ich aus dem Zimmer gehe, …
4. Wenn wir in den Urlaub fahren, …
5. Wenn wir abends zu Hause sind, …

Wenn meine Familie Getränke kauft, dann kaufen wir viele / wenige / immer / manchmal / … / keine Mehrwegflaschen.

9 Was sollte man machen? Ordne die Ratschläge zu.

☐ 

☐ 

☐ 

☐ 

1. Man sollte alte Sachen nicht gleich wegwerfen.
2. Man sollte den Müll richtig trennen.
3. Man sollte Müll immer in den Mülleimer werfen.
4. Man sollte Lebensmittel ohne Verpackung kaufen.

10 **Welche Ratschläge bekommt Marie? Lies und ergänze *sollte-* und passende Verben.**

Mein Vater fährt immer allein mit dem Auto zur Arbeit, obwohl seine Firma nur vier Kilometer weit weg ist. Sein Freund Peter arbeitet auch in dieser Firma und wohnt auch in unserem Stadtviertel. Aber sie fahren nicht zusammen, weil sie beide gern morgens ihre Ruhe haben. Mein Bruder und ich haben ihm schon so oft gesagt, dass es schlecht für die Umwelt ist!

Ben: Das verbraucht total viel CO_2! Du und dein Bruder solltet das deinem Vater genau erklären.

Nino: Dein Vater ________ sich ein gutes Fahrrad ________!

Maya: Er und sein Freund ________ wirklich zusammen zur Arbeit ________.

Yassin: Du ________ immer wieder mit ihm ________, bis er das Auto stehen lässt.

11 **Was passt? Ordne zu.** und | oder | aber | sondern

1. Wir essen nicht viele Fertiggerichte, ________ (wir) kochen viel.
2. Wir kaufen keine Plastikflaschen ________ (wir kaufen) nur Obst ohne Verpackung.
3. Wir fahren mit den Fahrrädern zum Einkaufen ________ (wir) nehmen die Straßenbahn.
4. Ich möchte Obst und Gemüse nur auf dem Markt kaufen, ________ meine Eltern finden das zu teuer.

12 **Welche Sätze passen zusammen? Verbinde.**

1. Ich benutze keine Plastikflaschen,
2. Ich kaufe fast keine Kleider im Geschäft,
3. Ich werfe alte Bücher nie weg,
4. Ich kaufe keine Ordner aus Plastik,

a. sondern ich kaufe nur Ordner aus Papier.
b. sondern ich benutze nur Glasflaschen.
c. sondern ich kaufe sie auf dem Flohmarkt.
d. sondern ich verschenke sie.

13 **Wie kann man die Sätze aus Übung 12 kürzen? Schreib ins Heft.**

1. Ich benutze keine Plastikflaschen, sondern ...

14 Besser schreiben: Was für einen Urlaub plant die Familie? Schreib den Text ins Heft.

- früher mit dem Flugzeug in den Urlaub fliegen / mit dem Auto fahren (oder)
- praktisch sein / nicht umweltfreundlich sein (aber)
- dieses Jahr umweltfreundlich verreisen möchten / mit dem Zug fahren (deshalb)
- auch Fahrräder mitnehmen / viele Radtouren machen wollen (weil)
- nicht im Hotel schlafen / auf dem Campingplatz zelten (sondern)
- Urlaub weniger bequem sein / spannender sein (aber)

Früher sind wir mit dem Flugzeug in den Urlaub geflogen oder mit dem Auto gefahren.

15 Was macht die Gruppe „Nachbarn helfen Nachbarn“? Ordne die Verben zu.

verschenken | tauschen | ausleihen | brauchen | reduzieren

In unserem Stadtteil gibt es eine Online-Gruppe „Nachbarn helfen Nachbarn“, das finde ich super. Meine Familie hat zum Beispiel nur einen sehr kleinen Garten. Viele Geräte ______________ wir nur selten. Wenn jemand in der Gruppe das Gerät hat, kann man es für ein paar Stunden ______________. Man kann dort natürlich auch posten, wenn man Sachen nicht mehr haben und sie ______________ möchte. Ich mache das manchmal mit Klamotten. Man kann aber auch probieren, Sachen zu ______________. Meine Schwester hat letzte Woche für ihre alte Jeans einen coolen Pullover bekommen. Ich finde das prima, so können wir alle unseren Konsum ______________.

G Clip 4

16 Wozu machen wir das? Ordne zu.

1. alte Sachen reparieren
2. abends nicht alle Lichter anmachen
3. Produkte aus der Region kaufen
4. zehn Tage nur zu Fuß gehen
5. Fahrkarten nicht ausdrucken
6. in einem Tierschutzverein aktiv sein

a. weniger Strom verbrauchen
b. CO_2 reduzieren
c. Papier sparen
d. Müll vermeiden
e. Tieren helfen
f. bei einer Umweltchallenge mitmachen

1	2	3	4	5	6
d					

17 Schreib zu den Angaben aus Übung 16 Sätze mit *um ... zu* ins Heft.

1. Wir reparieren alte Sachen, um Müll zu vermeiden.

1.10

18 Wie engagieren sich die Jugendlichen? Hör zu und kreuz an.

1. a. Luisa organisiert einen Flohmarkt,
   - ☐ um Geld für Tierfutter zu sammeln.
   - ☐ um Geld für den Tierarzt zu bekommen.

   b. Der Tierschutzverein plant eine Aktion,
   ☐ um Haustieren ☐ um Igeln zu helfen.

2. a. David plant eine Aktion an der Schule,
   - ☐ um etwas für die Umwelt-AG zu machen.
   - ☐ um etwas für den Klimaschutz zu tun.

   b. Die Umwelt-AG macht bei der Aktion „Stadtradeln" mit,
   - ☐ um ein paar Schüler und Schülerinnen
   - ☐ um alle an der Schule zum Radfahren zu motivieren.

3. a. Karim engagiert sich,
   - ☐ um etwas gegen den Müll in der Natur zu tun.
   - ☐ um Plastikflaschen zu reduzieren.

   b. Der Naturschutzverein plant eine Aktion an einem See,
   ☐ um Informationen ☐ um Müll zu sammeln.

19 Worum geht es in dem Text? Welche Informationen gibt es? Lies und kreuz an.

Naturschutzverein Renchen

Hallo zusammen,

helft uns den Stadtpark sauberer zu machen!
Am **Samstag, 24.6., ab 10 Uhr** sammeln wir dort Müll.
Kommt mit allen euren Freunden! Wir freuen uns auf euch!
Bitte zieht alte Klamotten und feste Schuhe an.
Große Mülltüten haben wir organisiert.

Wenn ihr Fragen habt, schreibt an Karim:
karim@naturschutzvereinre.de

- ☐ Wann?
- ☐ Was?
- ☐ Treffpunkt?
- ☐ Dauer?
- ☐ Was anziehen?
- ☐ Was mitbringen?
- ☐ Kontakt?

20 Schreib eine Nachricht an Karim. Frag auch nach den fehlenden Informationen.

Hallo …,
in diesem Sommer gibt es sehr viel Müll im Park, deshalb finde ich …
Wo … und … wie lange …?
Leider kann ich nur bis … Uhr mitmachen, weil …
Soll man für die Aktion Handschuhe … oder …?
Viele Grüße
…

3 Die Stadt sind wir!

1 **Was sagen Felix und Emilia? Lies die Sätze und ordne zu.**

a. Das klingt gut! | b. Ach so! | c. Ich? Gute Frage! | d. Ja, das weiß ich!

1. Hier war früher eine Fabrik. ☐
2. Ich meine nicht das Gelände, sondern das Plakat. ☐
3. Ein Jugendtreffpunkt! ☐
4. Was würdest du dir denn wünschen? ☐

2 **Welche zusammengesetzten Wörter findest du? Verbinde sie und notiere sie mit Artikel im Heft.**

Skate- | Jugend- | Kletter- | Kunst- | Konzert- | Gemüse- | Projekt- | Stadt-

-treffpunkt | -bühne | -park | -raum | -garten | -wand | -teil | -beschreibung

1. der Skatepark

3 **Vergleich die Wörter mit dem Plakat im Kursbuch.**

4 **Was wünschen sie sich für ihr Klassenzimmer? Warum? Schreib Sätze wie im Beispiel ins Heft.**

1. Ich hätte gern ein Sofa. Dann könnten wir in der Pause gemütlich chillen.

5 **Welche Sachen hat Sofia für den neuen Chillraum im Treffpunkt? Ordne zu.**

das groß genug für 5 Personen ist | die ein schönes Licht macht | der gut zu den Stühlen passt | die wir für Partys benutzen können | der den Raum größer macht

1. Das ist der Tisch, ______
2. Das ist die Lampe, ______
3. Das ist das Sofa, ______
4. Das ist der Spiegel, ______
5. Und hier sind coole Girlanden, ______

6 **Und welche Sachen haben Sofias Freunde gefunden? Ergänze die Relativpronomen.**

1. In unserem Keller steht ein Kühlschrank, ______ wenig Strom verbraucht.
2. Wir haben ein Trampolin, ______ fast neu ist.
3. Meine Tante verschenkt eine ältere Musikanlage, ______ aber noch gut funktioniert.
4. Bei uns steht ein Sessel, ______ sehr bequem ist.
5. Das sind die Teppiche, ______ bei meinem Opa im Keller liegen.

7 **Warum hat Luca diese Sachen auf dem Flohmarkt gekauft? Verbinde.**

1. der Rucksack
2. die Kamera
3. das Regal
4. die Sneakers
5. der Lautsprecher
6. das Brettspiel

a. Es macht mir total Spaß.
b. Sie passen mir perfekt.
c. Er ist groß genug für meine Sportsachen.
d. Er hat nur 5 Euro gekostet.
e. Sie macht bestimmt tolle Fotos.
f. Es war sehr günstig.

8 **Was schreibt Luca seinen Freunden? Formuliere Relativsätze zu Übung 7.**

Das ist der Rucksack, der groß genug für meine Sportklamotten ist.

9 **Wie heißen die Berufe? Ergänze.**

Wie heißt …

1. eine Frau, die ein Flugzeug fliegt? = die Pilotin
2. ein Mann, der in den sozialen Medien Geld verdient? = ______
3. eine Frau, die Häuser plant? = ______
4. ein Mann, der in Filmen mitspielt? = ______
5. eine Frau, die kranken Menschen hilft? = ______

G Clip 5

10 **Welche Sachen sucht er? Ergänze die Nomen mit Artikel.**

Schlüssel | Stofftasche | Helm | Pulli | ~~Rucksack~~ | Hemd

1. Wo ist der Rucksack?
   Ich nehme den Rucksack immer zum Fußballtraining mit.
2. Wo ist ______ ______?
   Ich verwende ______ ______ immer zum Einkaufen.
3. Wo ist ______ ______?
   Ich möchte ______ ______ auf der Party anziehen.
4. Wo ist ______ ______?
   Ich brauche ______ ______ zum Reiten.
5. Wo sind ______ ______?
   Ich habe ______ ______ hier auf den Boden gelegt.

11 **Wie kannst du die Sätze aus Übung 10 verbinden? Schreib ins Heft.**

1. Wo ist der Rucksack, den ich …?

12 **Wer oder was ist das? Verbinde.**

1. ein Affe
2. ein Mantel und ein Schal
3. eine Limo
4. Architekt
5. Stars
6. Sneakers

a. ein Getränk
b. ein Tier
c. ein Beruf
d. Schuhe
e. Kleidungsstücke
f. Personen

13 **Schreib Definitionen zu den Wörtern aus Übung 12.**

1. Ein Affe ist ein Tier, das gern …

14 Wo kann man das machen? Ergänze.

1. Selina möchte mit Freunden reden. Sie geht zur ______ c _ k __.
2. Bob ist gern aktiv. Er geht zur ________ n _ n ________.
3. Hamid möchte chillen. Er legt sich in die _ ä ________.
4. Maria möchte Graffitis machen. Sie geht zur ____ f _ f ____ - ____.
5. Ida spielt gut Tischfußball. Sie ist meistens am ____ c _ k _______.

15 Wie kann man auf einen Vorschlag reagieren? Ordne die Reaktionen zu.

1. Nein, ich bin dagegen. | 2. Mir ist … lieber. | 3. Ich finde, dass … eine gute Idee ist. | 4. Ich bin dafür, dass … | 5. Ja, ich bin dafür. | 6. Für mich wäre … überhaupt nicht gut. | 7. … finde ich nicht gut, weil …

👍 ____________________ 👎 ____________________

16 Was machen Finn, Alba und Salim am Samstag? Wer möchte was? Hör zu und kreuz an.

1.11

		Finn	Alba	Salim	
1.					möchte klettern oder ins Schwimmbad gehen.
2.					ist Klettern lieber als Schwimmen.
3.	Für				wäre Klettern überhaupt nicht gut.
4.					schlägt vor, Minigolf im Park zu spielen.
5.					ist dafür Minigolf zu spielen.
6.					schlägt vor, Pommes zu essen.

17 Möchtest du am Samstag klettern, schwimmen, Minigolf spielen oder Pommes essen? Reagiere auf die Vorschläge mit den Redemitteln aus Übung 15. Schreib ins Heft.

1. Klettern? Klettern finde ich …
2. Schwimmen? …
3. Minigolf spielen? …
4. Pommes essen? …

18 Wie sieht der Freizeitpark aus? Sieh den Plan an und ergänze die Präpositionen.

~~an~~ | auf | hinter | in | neben | über | unter | vor | zwischen

Der Eingang von diesem kleinen Park liegt __an__ der U-Bahn-Haltestelle Rotlinstraße. Links ______ dem Eingang sind die Tischtennisplatten und ______ den Tischtennisplatten ist ein kleines Café. Hier kann man im Sommer schön im Schatten ______ den Bäumen sitzen. Die Minigolfanlage liegt ______ den Tischtennisplatten. Am Parkende ist ein See mit einer Insel ______ der Mitte. Dorthin kommt man ______ eine kleine Brücke. ______ der Insel steht eine sehr große Schaukel. Die Kletterwand steht ______ dem See und der Minigolfanlage.

19 Besser schreiben: Wie ist das Kulturzentrum ArTik in Freiburg entstanden? Lies die Informationen und schreib einen Text ins Heft.

2011: Eine Gruppe von jungen Erwachsenen gründet den Verein ArTik und sucht ein Gebäude für ein Kulturzentrum.

2012: Sie finden Kellerräume unter dem zentralen Europaplatz und renovieren sie.

2013–2015: Der Verein organisiert Konzerte, Ausstellungen und Workshops im Kulturzentrum.

2016: Jetzt ist Schluss: Die Stadt baut den Europaplatz aus.

2017: Der Verein bekommt größere Räume von einem früheren Club.

heute: Das Kulturzentrum hat zwei große Räume für Veranstaltungen mit Sitzecken, eine Küche und einen Hof.

So hat es angefangen: 2011 hat eine Gruppe von jungen Erwachsenen den Verein ArTik gegründet und …
2012 haben sie …
Ab 2013 …
Drei Jahre später …, weil …
2017 …
Heute …

20 Welche Orte sind für Paula wichtig? Ordne die Bilder zu und ergänze die Orte.

A

B

C

D

E

F

1. [F] Das ist der Hof, wo Paula sich mit Jugendlichen aus dem Haus trifft.
2. [ ] Das ist ______, wo sie immer auf den Schulbus wartet.
3. [ ] Das ist ______, wo sie gern interessante Sachen kauft.
4. [ ] Das ist ______, wo ihre Familie jeden Sommer Urlaub macht.
5. [ ] Das ist ______, wo Paula alle ihre Schulbücher bekommt.
6. [ ] Und das ist ______, wo Paulas Bruder im April ein Konzert gibt.

21 Welche Antwort passt? Verbinde.

1. Wo wohnst du?
2. Was gibt es dort?
3. Was gibt es dort nicht?
4. Was ist in der Nähe?
5. Was wäre gut?

a. In der Nähe von meinem Haus gibt es Tischtennisplatten.
b. In Brühl gibt es kein Kino und keine Bibliothek.
c. Ich wohne in Freiburg im Stadtteil Brühl.
d. Es wäre super, wenn Brühl ein Schwimmbad hätte.
e. In Brühl gibt es einen Jugendtreff und einen Park.

22 Wie ist dein Wohnort? Mach Notizen zu den Fragen aus Übung 21.

23 Was kannst du über deinen Wohnort erzählen? Schreib einen Text mit den Notizen aus Übung 22.

Ich wohne in …
… ist ein Dorf / ein Stadtteil von …, wo es … und … gibt.
In der Nähe von … gibt es … Das finde ich …, weil …
Leider gibt es hier … kein / keine …
Mein größter Wunsch wäre aber, dass wir … hätten.
Dann würde ich …

Wortschatz Modul 10

1 So würde ich gern wohnen!

➔ KB 1–5

		Meine Sprache
das Einfamilienhaus, ¨-er		
der Wohnblock, ¨-e		
der Altbau, Altbauten ↔ der Neubau, Neubauten		
die Decke, -n	Wir haben hohe Decken.	
die Möbel (Plural)		
das Einzelkind, -er		
der Nachbar, -n die Nachbarin, -nen		
die Ruhe (Singular)		
die Großstadt, ¨-e ↔ die Kleinstadt, ¨-e		
das Dorf, ¨-er		
das Land (Singular)	Ich möchte gern auf dem Land leben.	
der Architekt, -en die Architektin, -nen		
das Design, -s		
renovieren		
sich teilen	Ich teile mir ein Zimmer mit Eva.	
renoviert		
komplett		
stressig		
eigener, eigenes, eigene	Sie hat ein eigenes Zimmer.	
nämlich		
von … aus	Ich kann von hier aus den Park sehen.	

➔ KB 6–12

das Hausboot, -e		
das Bauernhaus, ¨-er		

		Meine Sprache
der Wohnwagen, -		
der Standort, -e		
die Solarenergie (Singular)		
die Hälfte, -n		
das Drittel, -		
die Natur (Singular)		
der Internetanschluss, ¨-e		
der Pool, -s		
der Influencer, - die Influencerin, -nen		
die Hängematte, -n		
heizen		
luxuriös		
fest		
ökologisch		
überraschend	Was findest du überraschend?	
wenige	Nur wenige würden gern in einem Hotel wohnen.	

➔ KB 13–20

Europa		
das Wohnmobil, -e		
der Lebensstil, -e		
der Kindergarten, ¨		
die Firma, Firmen		
der Nationalpark, -s		
das Dorf, ¨-er		
die Erfahrung, -en		
das Leistungsturnen (Singular)		
der Vorteil, -e ↔ der Nachteil, -e		
der Affe, -n		

		Meine Sprache
der Pinguin, -e		
der Leuchtturm, ¨-e		
das Baumhaus, ¨-er		
das Tinyhaus, ¨-er		
segeln		
erleben		
entdecken		
verlassen		
fern		
wild		
möglich		
besonderer, besonderes, besondere	Ein besonderer Lebensstil!	
verschiedener, verschiedenes, verschiedene		
woanders	Wir sind immer woanders.	
dorthin		

1 **Welche Nomen aus der Wortliste passen? Notiere.**

-haus: das ______

______

Haus-: ______

2 **Was sind Möbel? Notiere 4 Beispiele mit Artikel.**

______

3 **Mit welchen Adjektiven kannst du ein Haus beschreiben? Ergänze.**

1. _ _ _ o _ _ _ _ _   2. _ _ _ _ _ _ ö _

3. ö _ _ _ _ _ _ _ _

2 Das tun wir für die Umwelt

➔ KB 1–5

		Meine Sprache
der Zufall, ¨-e	Das ist ja ein Zufall!	
die Verpackung, -en		
die Stofftasche, -n		
die Brotdose, -n		
die Trinkflasche, -n		
der Akku, -s		
die Batterie, -n		
das Glas (Singular)	Die Flasche ist aus Glas.	
das Holz (Singular)		
die Tüte, -n		
die Alufolie, -n		
überlegen	Überleg doch mal!	
mitnehmen	*ich nehme mit, du nimmst mit, …*	
wegwerfen	*ich werfe weg, du wirfst weg, …*	
verwenden		
gedruckt	ein gedrucktes Buch	
umweltfreundlich		

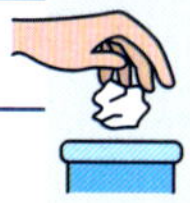

➔ KB 6–12

die Mehrwegflasche, -n		
der Elektromüll (Singular)		
das Recycling (Singular)		
der Strom (Singular)		
das CO_2	das Kohlendioxyd	
der Kunststoff, -e		
das Metall, -e		
das Lebensmittel, -		
das Produkt, -e		
die Produktion, -en	Wir versuchen die CO_2-Produktion zu reduzieren.	

		Meine Sprache
der Transport, -e		
die Emission, -en		
der Konsum (Singular)		
der Haushalt, -e	Ich helfe gern im Haushalt.	
die Ernährung (Singular)		
die Heizung, -en		
der Alltag (Singular)		
die Aussage, -n	Welche Aussagen stimmen für dich?	
der Mülleimer, -		
die Region, -en		
das Verkehrsmittel, -		
das Ergebnis, -se		
trennen		
produzieren		
verbrauchen	Der Kühlschrank verbraucht viel Strom.	
ausschalten		
entstehen	Wie entsteht CO_2?	
herstellen		
transportieren		
reduzieren		
vermeiden		
recyceln		
verschenken		
ausdrucken		
ausleihen		
tauschen (gegen etwas)		
öffentlich		
umweltbewusst		
durchschnittlich		
persönlich		
klimafreundlich		

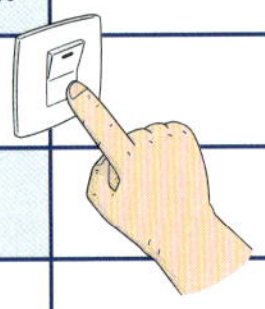

		Meine Sprache
sondern		
sowieso	So viele Sachen braucht man sowieso nicht.	

KB 13–20

die Unterstützung (Singular)		
die Liste, -n		
die Aktion, -en		
der Gutschein, -e		
die Website, -s		
die Organisation, -en		
der Grund, ⸚e		
der Aufzug, ⸚e		
die Rolltreppe, -n		
das Herz, -en		
das Kosmetikprodukt, -e		
durchführen	Ich möchte die Shampoo-Aktion durchführen.	
teilnehmen	*ich nehme teil, du nimmst teil, …*	
anbieten		
pflanzen		
engagiert	Jasmin ist sehr engagiert.	
wozu	Wozu macht man das?	

1 **Markiere die trennbaren Verben in der Wortliste und schreib Beispielsätze ins Heft.**

mitnehmen	

2 **Markiere die femininen Nomen.**

die Verpackung, -en	

3 Die Stadt sind wir!

KB 1–4

		Meine Sprache
das Gelände (Singular)	Dieses Gelände gehört euch!	
die Jugend (Singular)	der Jugendtreffpunkt	
die Bühne, -n		
die Beschreibung, -en		
die Stimme, -n	Alle haben bei der Wahl eine Stimme.	
die Initiative, -n		
der Vorschlag, ¨-e		
das Fitnessgerät, -e		
die Anlage, -n		
das Minigolf		
das Trampolin, -e		
die Halle, -n		
der Schatten, -		
gestalten		
aufladen	*ich lade auf, du lädst auf, …* 	
günstig		
Das klingt gut!		

KB 7–12

der Designer, - die Designerin, -nen		
die Reportage, -n		
der Praktikant, -en die Praktikantin, -nen		
die Leinwand, ¨-e	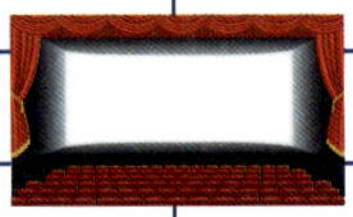	
die Musikanlage, -n		
der Kickertisch, -e		
das Graffiti, -s		
der Fahrradständer, -		
die Sitzecke, -n		
die Tischtennisplatte, -n		

		Meine Sprache
das Gebäude, -		
der Eingang, ¨-e		
sich vorstellen	So stelle ich mir den Raum vor.	
leiten	Herr Rohe leitet das Projekt.	
unterstützen		
auflassen	Lass bitte die Tür auf.	
abschließen		
aufstellen		
wegräumen		
flexibel		
in der Nähe	Meine Freunde wohnen in der Nähe.	

➔ KB 13–20

die Veranstaltung, -en		
die Gruppe, -n		
die Gemeinschaft, -en		
die Verbesserung, -en		
das Festival, -s		
der Erfolg, -e		
die Skaterbahn, -en		
der Container, -		
die Mühe, -n	Ich hatte Mühe, den Plan vom Schulhof zu zeichnen.	
die Pizzeria, Pizzerien		
gründen	Später haben sie einen Verein gegründet.	
stattfinden		
ausbauen		
kämpfen		
sich lohnen	Die Mühe hat sich gelohnt!	
nun	Was nun?	
nach und nach		

1 **Sieh die Wortliste an und sprich alle Wörter mit langem Vokal laut.**

die Jugend

2 **Welche Nomen aus der Wortschatzliste passen zum Thema Sport?**

3 **Was sind Gebäude? Notiere 3 Beispiele.**

____

4 **Welche Verben aus der Wortliste passen? Ordne zu.**

1. Man macht einen leeren Akku wieder voll: ____________________
2. Man macht ein Fenster oder eine Tür nicht zu: ____________________
3. Man macht eine Tür mit einem Schlüssel zu: ____________________
4. Man tut etwas zurück an seinen Platz: ____________________
5. Man startet eine Firma oder einen Verein: ____________________
6. Man macht ein Haus oder ein Gelände größer: ____________________

Schreibtraining

1 **Worum geht es in dem Beitrag von Liam? Lies den Text und beantworte die Fragen.**

Umweltaktionen an der Schule?

Liam (vor 2 Stunden)

Umweltaktionen sind wichtig! Aber an unserer Schule gibt es nächste Woche einen Aktionstag, an dem wir Müll auf dem Schulgelände sammeln sollen. Ich werfe meinen Müll immer in den Mülleimer und jetzt soll ich den Müll von anderen wegmachen? Das ist doch unfair!

👍 32 👎 13 6 Kommentare

1. Wie findet Liam Umweltaktionen?
2. Welche Aktion gibt es an seiner Schule?
3. Wie findet er die Aktion? Warum?

2 **Wie könntest du auf Liams Beitrag reagieren? Welcher Satz passt am besten am Anfang? Kreuz an.**

☐ Aber ich finde, dass … | ☐ Ich sehe das anders. | ☐ Natürlich ist es doof, dass …

3 **Ordne jetzt die Textteile und lies den Text laut.**

☐ Aber ich finde, dass solche Aktionen zusammen auch Spaß machen. Und sie sind gut für die Umwelt.

☐ An meiner Schule hatten wir auch Probleme mit dem Müll auf dem Schulgelände. Jetzt macht jede Woche eine andere Klasse den Schulhof sauber.

☐ Ich kann dich verstehen, aber ich sehe das anders.

☐ Natürlich ist es doof, dass manche Schüler ihren Müll nicht in den Mülleimer werfen.

☐ Ich denke, dass das eine gute Lösung für alle ist. Jeder hilft mit und vielleicht werfen jetzt auch mehr Schüler ihren Müll in den Mülleimer.

4 **Kannst du die markierten Textteile variieren? Überleg und notiere deine Ideen.**

Ich sehe das anders. = Ich sehe das nicht so.

5 **Was denkst du und wie ist die Situation an deiner Schule? Schreib einen Text mit 80 Wörtern ins Heft.**

Wir starten Modul 11+12

1 **Was schreibt Frau Müller an ihre Söhne? Ergänze in der richtigen Form.**

Lieber Marco, lieber Louis,
ich habe noch ein paar Sachen vergessen: Könnt ihr bitte noch , die Wäsche aufhängen,  ______ und  ______?

Opa wollte auch noch im Garten  ______.

Ihr helft ihm doch sicher dabei!

Und vergesst bitte nicht, abends  ______ und  ______.

Ich rufe euch morgen Abend an.
Eure Mama

2.01

2 **Wo wäre Marco jetzt lieber? Hör das Gespräch zwischen Louis und Marco und notiere noch 5 Orte.**

1. auf der Skaterbahn
______
______
______
______
______

3 **Was für ein Haus ist das? Ergänze in Großbuchstaben und notiere das Lösungswort.**

Ein Haus, …

1. das Räder hat: W _ _ _ W _ _ _ _
2. das auf dem Land steht: _ _ _ _ _ _ _ _ _ _
3. das viele Stockwerke hat: _ _ _ _ _ _ _ _
4. das man in einen Baum gebaut hat: _ _ _ _ _ _ _ _
5. das direkt neben anderen Häusern steht: _ _ _ _ _ _ _ _ _ _
6. das alt ist und oft hohe Decken hat: _ _ _ _ _ _
7. das man neu gebaut hat: _ _ _ _ _ _
8. das auf dem Wasser schwimmt: _ _ _ _ _ _ _ _

Lösungswort: der _ _ _ _ _ _ _ K _

4 **Welche Dinge, Aktivitäten, Orte oder Personen passen? Notiere.**

1. stressig: Klassenarbeiten, meine Eltern,
2. berühmt:
3. golden:
4. luxuriös:
5. langsam:
6. musikalisch:
7. klimafreundlich:

5 **Findest du noch 9 Wörter zum Thema Umwelt? Markiere.**

K	L	I	M	A	C	N	O	R	A	I	S
O	V	E	R	D	E	T	A	K	K	U	A
N	A	T	U	R	S	C	H	U	T	Z	D
S	M	T	R	E	C	Y	C	L	I	N	G
U	Z	K	E	M	I	S	S	I	O	N	P
M	Ü	L	L	S	H	N	T	A	N	T	U
S	O	L	A	R	E	N	E	R	G	I	E

6 **Welche Materialien sind das? Ergänze die Vokale und schreib die Wörter.**

1. das Hlz Holz
2. das Mtll
3. der Stff
4. das Gls
5. das Plstk
6. das Ppr
7. die Krmk
8. die lfl

7 **Was für Sachen sind das? Aus welchem Material sind sie? Schreib ins Heft.**

1
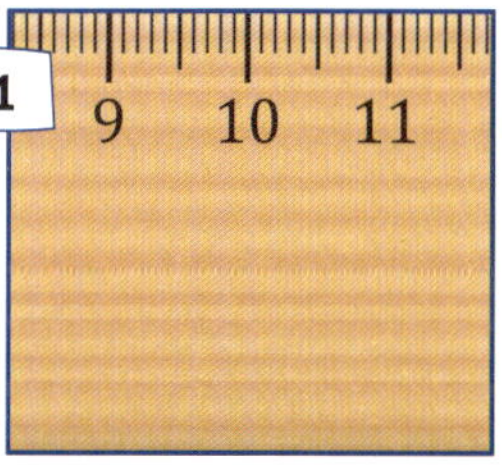

2
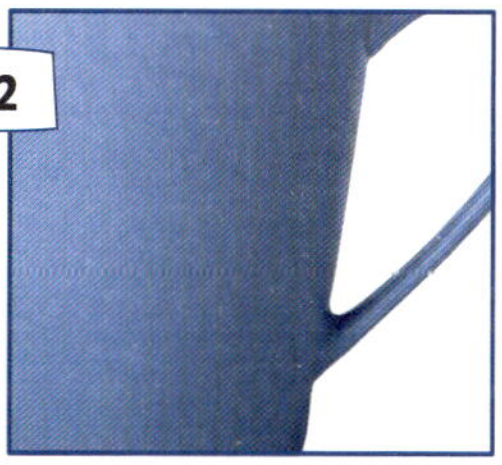

3
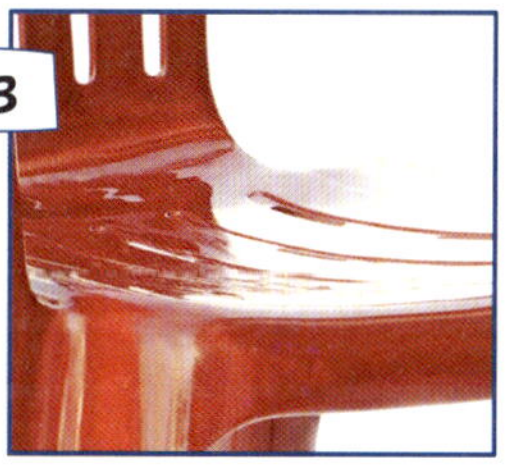

4

Ich glaube, das ist ein ... aus ...

1 Wie wird ein Blog gemacht?

1 **Was kann man am Computer machen? Verbinde.**

1. mit Freunden
2. einen Podcast
3. einen Blog
4. im Internet
5. eine Videokonferenz

a. durchführen
b. surfen
c. hören
d. chatten
e. lesen

2 **Was macht man mit einer Datei? Ordne die Verben zu.**

~~öffnen~~ | löschen | ausdrucken | hochladen | speichern | kopieren | weiterleiten | herunterladen | schicken

1. ____________________

2. ____________________

3. ____________________

4. ____________________

5. ____________________

6. ____________________

7. ____________________

8. öffnen

9. ____________________

3 **Welche Verben aus Übung 2 passen? Ergänze sie in der richtigen Form.**

Liebe Cara,
Herr Gruber hat uns doch vor den Ferien noch zwei Arbeitsblätter per Mail geschickt.
Ich habe die Arbeitsblätter auch gleich ____________________ und in meinem
Matheordner ____________________. Aber jetzt kann ich die Datei einfach nicht
mehr öffnen. Ich glaube, sie ist kaputt! Und die E-Mail von Herrn Gruber habe ich leider schon
____________________. Kannst du mir seine Mail bitte ____________________? Danke!
Diesmal ____________________ ich die Arbeitsblätter dann am besten sofort ____________________.
Mein Bruder hat doch jetzt einen neuen Drucker!
Liebe Grüße
Dilan

4 Was passt wo? Ordne zu.

a. das Formular | b. das Lied | c. die E-Mail | d. das Rezept | e. die Umfrage | f. die Einladung | g. die Anzeige | h. der Artikel

1 ☐

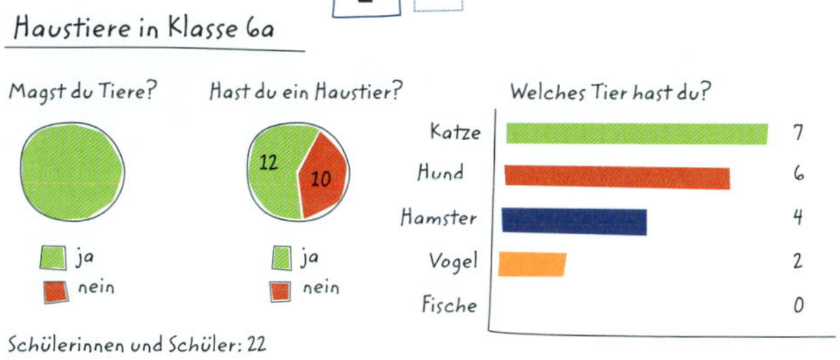

2 ☐

Meine Woche ist immer voll
und das finde ich wirklich toll!

Langeweile hab' ich nie:
Ich hab' sehr viel Energie!

Meine Woche, meine Woche ...

Am Montag muss ich ganz viel machen:
Schule, Fußball, Hausaufgaben.

Am Dienstag schwimm' ich immer gerne
und ich turne! Und ich lerne!

Am Mittwoch mache ich Musik,
ich rappe nämlich dieses Lied!

3 ☐

Smoothie 2

Zutaten:
- 8 Erdbeeren
- 1 Banane
- 5 Trauben (ohne Kerne!)
- 1 Orange (Saft)
- 2 Löffel Honig

Zubereitung:
Wasch die Erdbeeren und die Trauben. Schäl die Banane. Gib alles in den Mixer und mixe es 30 Sekunden lang. Fertig!

4 ☐

Hallo Leute, heute ist mein Geburtstag!
Ich werde 15. Das müssen wir zusammen feiern! Ich lade euch herzlich ein.
Die Party ist am Samstag (20.5.) um 18:00 Uhr in Tempelhof (die Adresse schicke ich später)!
Meine Oma Erika hat ein großes Haus und wir dürfen dort feiern. Sie backt auch eine Torte für uns! Toll, oder? Es gibt Musik, Chips, Popcorn, Würstchen …
Ich möchte mit euch Karaoke singen! Habt ihr Lust?
Wer kann kommen? Bitte antwortet bis Donnerstag!
Liebe Grüße!

5 ☐

Liebe Sofia,
wie geht es dir? Du hast mir schon lange nicht mehr geschrieben. Ich habe Mama am Samstag angerufen, aber du warst nicht da. Du warst auf einer Party, oder? Wie war es? Wo war die Party? Was habt ihr gemacht?
Schreib mir bald!
Max

6 ☐

Willkommen zurück im Jugendzentrum!

Am 1. Juni macht das Jugendzentrum Ost wieder auf! Es ist seit Januar zu. Die Leiterin, Frau Danner, erklärt: „Früher waren immer viele Jugendliche hier. Im Lernzimmer haben sie zusammen Hausaufgaben gemacht. Andere haben gespielt oder Kurse gemacht und im Sommer haben sie im Garten oft Musik gehört und gechillt. In den letzten Jahren hatten wir viele Probleme: Viele Tische und Stühle im Lernzimmer waren kaputt, unsere Computer waren alt, wir hatten keine Computerspiele und das Internet hat auch nicht gut funktioniert. Im Jugendzentrum war es dunkel und ungemütlich und auch die Kurse waren für die Jugendlichen nicht interessant. Es sind nur noch wenige Jugendliche gekommen und wir haben gesagt: Wir müssen etwas machen!“

Deshalb hat Frau Danner im Januar Jugendliche eingeladen und sie gefragt: Was sollen wir tun? Ihre Vorschläge hat sie notiert. Sie hat neue Computer für das Jugendzentrum gekauft. Die Stadt hat die Tische und Stühle repariert: Sie sind jetzt fast wie neu. Auch die Jugendlichen haben mitgeholfen. Das Zentrum ist jetzt hell und gemütlich, es gibt im Keller einen Partyraum mit Lautsprechern und im Garten kann man Tischtennis spielen. Am 1. Juni gibt es eine große Party und ab Herbst können Jugendliche interessante Kurse machen, zum Beispiel Programmieren, Graffiti-Kunst, Hip-Hop und andere Tanzkurse. Frau Danner hofft, dass jetzt wieder mehr Jugendliche ins Jugendzentrum kommen: „Ihr seid alle herzlich willkommen!“

7 ☐

Lust auf Sonne und Meer?

Komm zu uns nach Spanien! Der Campingplatz Veranito liegt direkt bei Benicassim. Wir bieten viel Sonne, nette Leute, Partys, Wanderungen ... und das Wichtigste: den schönsten Strand!
Anmeldungen unter www.strand-spanien.de

8 ☐

Anmeldung

Aktivität:
Vorname:
Nachname:
Alter:
Klasse:
Adresse:
Ort:
E-Mail-Adresse:
Telefonnummer:
Unterschrift:

5 Was interessiert dich? Ergänze die Sätze.

1. Ich lese gern Artikel über ______________________.
2. Ich höre manchmal Podcasts über ______________________.
3. Ich habe diesen Monat einen Lernfilm über ______________________ gesehen.
4. Ich würde gern einen Blog über ______________________ schreiben.

6 **Wem gehört was? Verbinde und schreib Sätze wie im Beispiel ins Heft.**

1. die Architektin
2. der Influencer
3. die Fotografin
4. der Torwart
5. der Hausmeister
6. die Pilotin

1. Das ist der Bauplan der Architektin.
2. Das ist ... des Influencers.

7 **Wie ist der Genitiv Singular? Ergänze den Artikel und die Endungen, wenn nötig.**

Wie heißt …

1. der Titel des Buches?
2. die Autorin ________ Artikel____?
3. das Thema ________ Sendung____?
4. der Autor ________ Blogeintrag____?
5. der Titel ________ Magazin____?
6. der Blog ________ Schule____?

8 **Besser schreiben: Wie ist Emilias E-Mail richtig? Ordne zuerst die Teile zu und schreib dann die E-Mail ins Heft.**

1. Anrede
2. Einleitung
3. Hauptteil
4. Fragen
5. Abschluss
6. Gruß
7. Unterschrift

- [ ] Hast du schon mit Felix gesprochen? Vielleicht kann er uns helfen, ein passendes Foto für den Text zu suchen. Was meinst du?
- [ ] Emilia
- [ ] Lieber Malik,
- [ ] Viele Grüße
- [ ] danke, dass du mir deinen Blogtext heute Mittag geschickt hast. Natürlich habe ich ihn sofort gelesen!
- [ ] Ich finde, der Text ist echt interessant und gut geschrieben. Ich habe noch ein paar kleine Fehler gesehen und korrigiert. Den korrigierten Text schicke ich dir im Anhang. Ich bin schon gespannt, welche Kommentare es zu dem Text gibt.
- [ ] Wir sehen uns morgen in der Schule.

9 Was ist richtig? Lies die E-Mail von Malik und kreuz an.

☐ Liebe Frau Lehrerin, ☒ Liebe Frau Haag,

der erste Blogeintrag ist fertig und ich schicke ☐ dir ☐ Ihnen den Text als Anhang.

Emilia hat den Text schon korrigiert: ☐ Können Sie ☐ Kannst du den Blogeintrag auch noch einmal lesen?

Vielen Dank für ☐ deine ☐ Ihre Hilfe!

☐ Viele Grüße ☐ Liebe Grüße

Malik

10 Was antwortet Frau Haag? Ergänze ihre E-Mail.

__________ Malik,

danke für __________ Blogeintrag. Ich habe keine Fehler im Text gefunden und __________ kannst ihn gerne so an die Informatik-AG weiterleiten.

__________ Text ist gut recherchiert und sehr interessant! Ich bin mir sicher, dass der Blog von __________ und Emilia ein echter Erfolg wird!

Viele Grüße

C. Haag

Clip 6

11 Wie entsteht der Blog von Malik? Schreib die Sätze im Passiv.

1. Malik schreibt den Blogeintrag. — Der Blogeintrag wird geschrieben.
2. Malik speichert den Text. — Der Text __________
3. Malik leitet die Datei weiter. — Die Datei __________
4. Emilia korrigiert die Fehler. — Die Fehler __________
6. Felix macht die Fotos. — Die Fotos __________

12 Was passiert danach? Formuliere Passivsätze und schreib ins Heft.

- Blogeintrag auf der Website der Schule hochladen
- Link zum Eintrag weiterleiten
- die Kommentare lesen
- alle Fragen beantworten
- die Vorschläge für den nächsten Eintrag notieren

Der Blogeintrag wird auf der Website der Schule hochgeladen.

13 **Wie wird der Chillraum im Jugendtreffpunkt eingerichtet? Ergänze die Sätze zu den Bildern.**

den Chillraum dekorieren | ~~den Chillraum renovieren~~ | ein Sofa an die Wand stellen | die Musikanlage aufbauen | den Chillraum putzen | Lampen aufhängen

1. Als Erstes wird der Chillraum renoviert.
2. Als Nächstes ______
3. Danach ______
4. Dann ______
5. Danach ______
6. Zum Schluss ______

14 **Wie heißen diese technischen Erfindungen? Notiere.**

1. Mit diesem kleinen Gerät kann man seit 1998 unterwegs Musik hören.
   = der ______
2. Diese Erfindung benutzt man seit 1995, um z. B. mit dem Auto den Weg zu finden.
   = das ______
3. Mit dieser Erfindung kann man aus Fotos und Texten Dateien machen.
   = der ______
4. Seit 1967 kann man mit diesem Gerät einfacher rechnen.
   = der ______
5. Mit diesem Gerät, das in Deutschland auch „Handy" heißt, kann man seit 1973 unterwegs telefonieren. = das ______

15 **Wähl andere Geräte und schreib Erklärungen wie in Übung 14 ins Heft.**

16 **Wie sind die Kommentare zu Maliks Blog? Ordne die Wörter zu.**

Funktionen | Patent | tragen | verschicken | Speicherplatz | weltweit | Asthma | Menge

Samir: Wow, der Artikel ist wirklich interessant! Die Kleinbildkamera gibt es nur, weil Barnack ______ hatte. Deshalb war es für ihn zu anstrengend, eine schwere Kamera zu ______. Verrückt!

Tessa: Stellt euch mal die Partys früher vor. Haben die Leute da eine ______ CDs mitgebracht oder immer wieder die gleichen 50 Lieder gehört? Ich bin froh, dass wir heute ______ für über 1000 Lieder auf dem Handy haben.

Marie: Toller Artikel! Unglaublich, dass sich in Deutschland niemand für das MP3-Format interessiert hat! Hat Brandauer auf seine Erfindung ein ______ angemeldet? Das Format wird doch ______ benutzt – dann ist er jetzt sicher reich!

Noah: Mobiltelefone gibt es schon seit 1973? Wirklich? Meine Mutter hat mir erzählt, dass sie 1999 ihr erstes Handy hatte. Mit diesen Handys konnte man keine Fotos machen, nur telefonieren und Nachrichten ______. Hatten Mobiltelefone dann 30 Jahre lang nur diese zwei ______?

17 **Wie ist der Text richtig? Ordne die Teile.**

Erfindungen, die die Welt (nicht) braucht: der Selfie-Toaster

☐ **a.** Heute gibt es auch modernere Selfie-Toaster. Bei diesen Geräten kann man den Toaster über ein USB-Kabel mit dem Handy verbinden. So kann man für jeden Toast ein anderes Selfie von sich wählen.

☐ **b.** Der Amerikaner hat 2014 den Selfie-Toaster erfunden. Wie funktioniert der Selfie-Toaster? Zuerst muss man ein Selfie auf der Website von Divelys Firma hochladen.

☐ **c.** Die meisten Menschen lieben Selfies und fast jeder isst gerne Toast zum Frühstück. Beides zusammen könnte deshalb vielen Menschen gefallen, hat sich der Erfinder Galen Dively gedacht.

☐ **d.** Dann bekommt man seinen persönlichen Toaster zugeschickt. Jetzt muss man nur noch ein Toastbrot in das Gerät stecken und kurz warten. Schon ist der Toast mit dem Selfie fertig.

2 Worum geht es?

1 **Wie stellt Lisa ihre Interviewpartnerin vor? Ordne die Sätze.**

- [ ] Heute arbeitet sie am Institut für Angewandte Physik – kurz: IAP – und leitet das Programm „Junge Physik". Ich bin heute bei ihr am Institut zu Gast.
- [ ] Hallo und herzlich willkommen bei „Onestone", dem Podcast des Albert-Einstein-Gymnasiums.
- [ ] Frau Kretschmer ist früher auf das Albert-Einstein-Gymnasium gegangen und hat auf unserer Schule das Abitur gemacht.
- [ ] Liebe Frau Kretschmer, danke, dass Sie heute Zeit für ein Interview haben.
- [ ] Ich bin Lisa aus der 8a. In der heutigen Folge stelle ich euch die Wissenschaftlerin Ina Kretschmer vor.

G Clip 7

2 **Was machen die beiden? Ordne zu und schreib die Sätze.**

sich bedanken | ~~diskutieren~~ | sich interessieren | teilnehmen

~~über Mülltrennung~~ | für die Handschuhe | an einer Müllaktion | für einen Aktionstag

1

2

3

4

1. Sie diskutieren über Mülltrennung.
2. ______
3. ______
4. ______

3 **Worüber haben Lisa und Frau Kretschmer im Podcast gesprochen und wie ist der Schulblog entstanden? Verbinde die Sätze.**

1. Frau Kretschmer erinnert sich — a. an vielen Konzerten teilgenommen.
2. Sie weiß noch viel — b. an ihren Physikunterricht bei Herrn Vogt.
3. Sie hat mit dem Schulchor — c. über ihre Schulzeit.

4. Frau Kretschmer erzählt — a. über das Programm der Aktionswoche.
5. Auf der Website informiert sich Lisa — b. für die Aktionswoche an.
6. Lisa meldet sich — c. von der Aktionswoche „Technik für Umwelt."

7. Malik und Emilia freuen sich — a. an einen Geschichtsblog.
8. Sie sprechen — b. über interessante Themen für den Blog.
9. Emilia denkt — c. über das Blogprojekt der Literatur-AG.

4 **Was schreibt Lisa? Ergänze die passende Präposition zu den markierten Verben. Wenn du unsicher bist, schlag in der Grammatik nach.**

an | an | bei | für | für | über | über | über | über | von

Liebe Tamin,

ich hatte letzte Woche das Interview mit Frau Kretschmer, die das Programm „Junge Physik" leitet. Es war wirklich spannend, mit ihr ________ das Programm zu **sprechen**. Sie hat mir ________ der Aktionswoche „Technik für Umwelt" **erzählt**. Du **interessierst** dich doch auch ________ Umweltfragen. Möchtest du auch ________ der Aktionswoche **teilnehmen**? Ich schicke dir einen Link dazu, dann kannst du dich ________ das Programm **informieren**. **Erinnerst** du dich noch ________ Jasmin? Sie geht auch auf meine Schule und ihr habt euch auf meiner Geburtstagsparty kennengelernt. Sie ist im Naturschutzverein und **weiß** viel ________ Umweltthemen. Ich glaube, ihr habt an meinem Geburtstag lange ________ Recycling **diskutiert**. Sie **meldet** sich auf jeden Fall auch ________ die Aktionswoche **an**. Es wäre doch super, wenn wir drei zusammen ________ den Aktionstagen **mitmachen** würden.

Liebe Grüße

Lisa

5 **Was sagen die Freunde? Ergänze den bestimmten Artikel im Dativ.**

1. ● Habe ich dir schon von ________ Blog erzählt, den ich mit Emilia schreibe?
   ○ Nein, du hast mir nur von ________ Website für die Schule erzählt.
2. ● Nimmst du dieses Jahr wieder an ________ Literatur-AG teil?
   ○ Nein, ich mache dieses Jahr bei ________ Filmprojekt mit.
3. ● Erzähl doch mal von ________ Programm „Junge Physik".
   ○ Es ist total spannend. Ich mache auf jeden Fall bei ________ Aktionswoche mit.

6 **Was ist richtig: Akkusativ oder Dativ? Lies die Fragen und kreuz an.**

1. Interessierst du dich für ☐ das ☐ dem Programm „Junge Physik"?
2. Machst du bei ☐ eine ☐ einer Umweltaktion an deiner Schule mit?
3. Erinnerst du dich an ☐ den ☐ dem Namen deiner Lehrerin aus der ersten Klasse?
4. Nimmst du dieses Schuljahr an ☐ eine ☐ einer AG teil?
5. Erzählst du deinen Eltern immer von ☐ die ☐ den Klassenarbeiten?
6. Denkst du im Deutschunterricht oft an ☐ die ☐ der Pause?
7. Freust du dich über ☐ deine ☐ deinen Noten?

7 **Was passt zu dir? Schreib deine Antworten zu den Fragen in Übung 6 ins Heft.**

1. Ja, ich interessiere mich für das Programm „Junge Physik".

8 **Wie sind die Fragewörter? Was ist bei *an* und *über* besonders? Notiere.**

wo + bei = Wobei?

wo + für = ________

wo + von = ________

wo + an = ________

wo + über = ________

9 **Was passt zusammen? Verbinde.**

1. Wofür …	a. erzählen deine Großeltern oft?
2. Woran …	b. weißt du viel?
3. Worüber …	c. möchtest du gern teilnehmen?
4. Wovon …	d. machst du gerne mit?
5. Wobei …	e. interessierst du dich?

10 Was sagen Adil und seine Oma? Ergänze die Sätze.

1. ● Oma, ich möchte mich noch für dein Geburtstagsgeschenk bedanken.
   ○ Wie bitte? Wofür möchtest du dich bedanken?
   ● Für dein Geburtstagsgeschenk!
2. ● Ich habe mich sehr ______ die Hängematte gefreut.
   ○ Wie bitte? ______ hast du dich sehr gefreut?
   ● ______
3. ● Ich interessiere mich ______ Physik.
   ○ Wie bitte? ______ interessierst du dich?
   ● ______
4. ● Wir haben in der Schule ______ Naturschutzprojekte diskutiert.
   ○ Wie bitte? ______ habt ihr diskutiert?
   ● ______
5. ● Ich mache jetzt ______ einer Müllaktion mit.
   ○ Wie bitte? ______ machst du mit?
   ● ______
6. ● Ich informiere mich ______ Umweltwettbewerbe.
   ○ Wie bitte? ______ informierst du dich?
   ● ______

11 Welche Bücher lesen die Personen gern? Ordne zu.

Liebesgeschichten | Abenteuer-Romane | Biografien | Fantasy-Romane | Thriller

1. Liam: Ich lese gern wahre Geschichten über das Leben von bekannten Personen, wie zum Beispiel über Albert Einstein. = ______
2. Marie: Ich mag es, wenn in Büchern eigene Welten entstehen und Personen zum Beispiel fliegen können, so wie in „Harry Potter“. = ______
3. Ben: Für mich müssen Bücher von der ersten bis zur letzten Seite spannend sein. „Erebos“ habe ich in zwei Tagen gelesen. = ______
4. Daria: Ich lese gern romantische Geschichten, auch wenn ich dann manchmal weinen muss. = ______
5. Abel: Ich lese gern Bücher über Personen, die ihr normales Leben verlassen und etwas Besonderes erleben. = ______

2.02

12 Was sagen Igor, Jana und Liam über die Bücher, die sie lesen? Hör zu und kreuz an.

	richtig	falsch
1. Igor mag Liebesgeschichten.	☐	☐
2. Er findet „Romeo und Julia“ als Comic gut.	☐	☐
3. Der Comic hilft ihm, Englisch zu lernen.	☐	☐
4. Jana findet den Anfang von „Tintenherz“ spannend.	☐	☐
5. Die ganze Geschichte ist eher langweilig.	☐	☐
6. Echte Fantasy-Fans sollten das Buch nicht lesen.	☐	☐
7. Liam liest gern Biografien.	☐	☐
8. Er empfiehlt die Biografie von Albert Einstein.	☐	☐
9. Man erfährt in der Biografie viel Neues über sein Leben als Wissenschaftler.	☐	☐

13 Welche Informationen bekommst du über den Roman *Tschick*? Ordne die Buchpräsentation.

☐ Es lohnt sich, dieses Buch zu lesen, weil die Geschichte immer lustig und spannend bleibt, obwohl manchmal auch sehr traurige Sachen passieren.

☐ Der Titel des Romans ist „Tschick”. Es ist ein Abenteuer-Roman, den der Autor Wolfgang Herrndorf geschrieben hat.

☐ Ich möchte euch heute meinen Lieblingsroman vorstellen.

☐ Am Anfang der Sommerferien kommt Tschick mit einem alten „geliehenen“ Auto bei Maik vorbei. Tschick überredet Maik, mit ihm zu verreisen. Es beginnt eine Reise mit vielen Abenteuern und aus den zwei sehr verschiedenen Jungen werden gute Freunde.

☐ Es geht um die Freundschaft zwischen Maik und Andrej. Sie sind beide 14 Jahre alt und die Hautfiguren der Geschichte. Maik hat reiche Eltern, die wenig Zeit für ihn haben. Er hat keine Freunde und ist unglücklich verliebt. Andrej, den alle Tschick nennen, ist vor vier Jahren mit seinem Bruder von Russland nach Berlin gezogen. Er ist neu in Maiks Klasse.

14 Lies den Text noch einmal. Schreib die Tabelle ins Heft und ergänze Stichwörter.

Titel	Autor	Thema	Hauptfiguren	Geschichte	Warum empfehlen?

15 Wie sind die Überschriften? Lies die Nachrichten und ordne die Wörter zu.

Polizist | Diebin | Autogramm | Mord | Stimme | Fall | Schulleitung | Angst | Verschwinden

1

______ weg – Konzert fällt aus

Der Sänger der Band „Milchzahn“ ist so stark erkältet, dass das Konzert am Freitagabend in Hamburg …

2

3 Gründe für das ______ von Vögeln

Viele Vogelarten, die man noch vor einigen Jahren im eigenen Garten singen hörte, …

3

______ endlich gelöst! Nach 40 Jahren findet Polizei Familienschmuck

Familie Graf ist glücklich. „Heute ist ein toller Tag für uns“, sagt Stella Graf, die …

4

______ hilft Katze vom Baum herunter

Der Ausflug einer jungen Katze endete mit einem Einsatz der Polizei. Der Besitzer der Katze rief am Montag die …

5

______ von deinem Lieblingsstar

Heute Abend ab 20 Uhr haben alle Fans der Serie „Eine Familie wie wir“ die Möglichkeit, ihre Stars bei …

6

______ nimmt 80-jährigem Senior vor dem Supermarkt Handtasche weg

Frankfurt: Auf dem Parkplatz eines Supermarkts wurde ein 80-jähriger Mann von einer …

7

______ im Hochhaus? Tote Frau im Fahrstuhl gefunden

Der Hausmeister des Hochhauses in der Wannerstraße 49 fand am …

8

Keine ______ vor großen Hunden – Wissenschaftler geben Tipps

Wissenschaftler sagen, dass Hunde mit ihrer guten Nase sofort wissen, wenn man …

9

Neue ______ am Goethe-Gymnasium Bonn

Direktorin Carola Meier verlässt das Goethe-Gymnasium nach 10 Jahren. Für sie kommt ab September …

16 Was war im Kino los? Lies die Kurznachricht und markiere die Verben.

Langweiliger Film? Polizeieinsatz im Kino

Ein 30-jähriger Mann ging am Freitagabend ins Kino „Central“ und sah sich einen Actionfilm an. Der Film dauerte bis 1 Uhr und der Mann schlief im Kino ein.

Um 5 Uhr morgens klingelte der Wecker seines Handys und er wollte nach Hause. Die Tür des Kinos war aber abgeschlossen, deshalb rief der Mann die Polizei an. Diese informierte den Kinobesitzer, der dem Mann die Tür öffnete. Der Mann sagte: „Für einen Actionfilm fand ich die Handlung ziemlich langweilig.“ Dann fuhr er schnell mit dem Rad weg.

17 Notiere die Infinitive der Verben aus Übung 16.

1. gehen
2. ______
3. ______
4. ______
5. ______
6. ______
7. ______
8. ______
9. ______
10. ______
11. ______
12. ______
13. ______

3 Das konnte man früher nicht!

1 **Was passt? Ergänze die Sätze zu den Fotos.**

1

2

3

1. Lisa geht mit ihrem Opa am Strand an der Ostsee spazieren. Sie ist das erste Mal am Meer. Er hält Lisa an der Hand, weil sie _ _ g _ _ vor dem Wasser hat.
2. Jasmins Papierhut ist kaputtgegangen. Das hat sie sehr geärgert und sie war _ ü _ _ _ _. Aber dann hat Jasmin diese Herzbrille bekommen und die Welt ist wieder in O _ _ _ _ _ _.
3. Leon fährt nach einem Judo-Wettkampf mit dem Fahrrad nach Hause. Er ist enttäuscht, weil er keinen E _ _ _ _ _ hatte. Deshalb _ e _ _ _ er fast auf dem Foto.

2 **Sieh das Foto an und ordne zu.**

1. Auf dem Bild sieht man
2. Er ist vielleicht
3. Bestimmt hatte er
4. Ich denke, dass
5. Links hinter ihm
6. Im Hintergrund
7. Ich glaube,
8. Wahrscheinlich ist es

a. liegt ein Roller auf dem Boden.
b. Sommer, weil der Junge eine kurze Hose trägt.
c. sieht man Bäume.
d. einen kleinen Jungen, der auf einem Weg sitzt.
e. vier Jahre alt.
f. der Junge Schmerzen hat und weint.
g. einen Unfall, weil sein rechtes Knie verletzt ist.
h. der Junge ist mit seinem Roller durch einen Park gefahren und hingefallen.

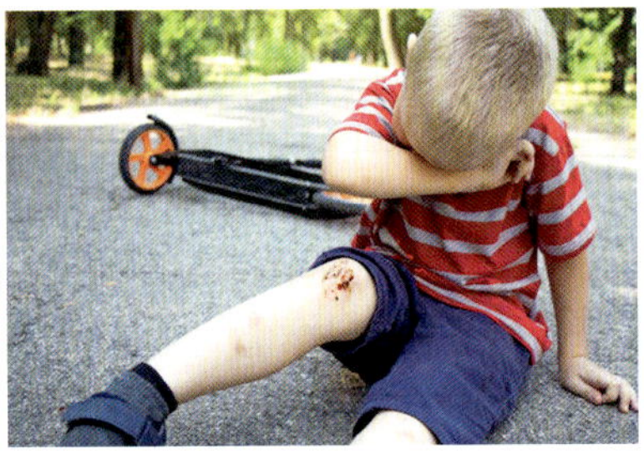

1	2	3	4	5	6	7	8

3 **Wann war das? Lies die Fragen zu dem Foto in Übung 2 und verbinde.**

1. Wann genau ist der Junge hingefallen?
2. Wann hat er angefangen zu weinen?
3. Wann hat er nach dem Unfall wieder gelacht?

a. Als seine Mutter ihm ein Eis gekauft hat.
b. Als ein Hund ihn erschreckt hat.
c. Als er sein Knie gesehen hat.

G Clip 8

4 **Wann ist das bei dir passiert? Ergänze die *als*-Sätze.**

1. Wann warst du zum ersten Mal im Kino?

   Als ______________________________

2. Wann hast du dein erstes Handy bekommen?

   Als ______________________________

3. Wann hast du dein letztes Selfie gemacht?

   Als ______________________________

4. Wann warst du richtig wütend?

   Als ______________________________

5 **Wann hat Malik was gemacht? Schreib die *als*-Sätze ins Heft.**

1. Malik war 8 Jahre alt. Seine Eltern haben ihm ein Snowboard geschenkt.
2. Malik ist zum ersten Mal Snowboard gefahren. Er ist oft hingefallen.
3. Malik war ein Jahr später in Österreich. Er hat einen Snowboardkurs gemacht.
4. Malik war 12. Er hat einen Wettbewerb gewonnen.
5. Malik war letztes Jahr in einem Wintercamp. Er hat neue Tricks gelernt.

1. Als Malik 8 Jahre alt war, haben seine Eltern ihm ein Snowboard geschenkt.

6 **Was ist passiert, als du …? Ergänze die Sätze.**

1. Als ich vier Jahre alt war, ______________________________

   ____

2. Als ich in die erste Klasse gekommen bin, ______________________________

   ____

3. Als ich letztes Jahr Sommerferien hatte, ______________________________

   ____

4. Als ich dreizehn Jahre alt wurde, ______________________________

   ____

2.03

7 Wann konnte man das zum ersten Mal machen? Hör zu und notiere die Jahreszahlen.

1. Radio hören: ____________
2. Kopfhörer kaufen: ____________
3. ein Smartphone kaufen: ____________
4. Videos im Internet hochladen: ____________
5. eine Smartwatch kaufen: ____________

8 Wann ist das in deinem Leben passiert? Lies die Angaben und schreib Sätze mit *als* ins Heft.

2012: Die ganze Welt tanzte zum Lied „Gangnam Style".
2014: Deutschland hat die Fußballweltmeisterschaft gewonnen.
2016: Selfies mit Hundeohren waren sehr beliebt.
2019: Viele Schüler und Schülerinnen engagierten sich weltweit bei „Fridays for Future" für die Umwelt.
2022: …?

Als ich im Kindergarten war, tanzte die ganze Welt zum Lied „Gangnam Style".

9 Zu welchem Jahrzehnt passen diese Fotos? Ordne zu.

a. 2010er-Jahre | b. 1970er-Jahre | c. Nullerjahre | d. 1980er-Jahre | e. 1990er-Jahre | f. 2020er-Jahre

1

2

3

4

5

6

1	2	3	4	5	6

10 Wie war es früher? Ordne die Modalverben zu.

musste | wolltest | durftet | mussten | konnte | wollte

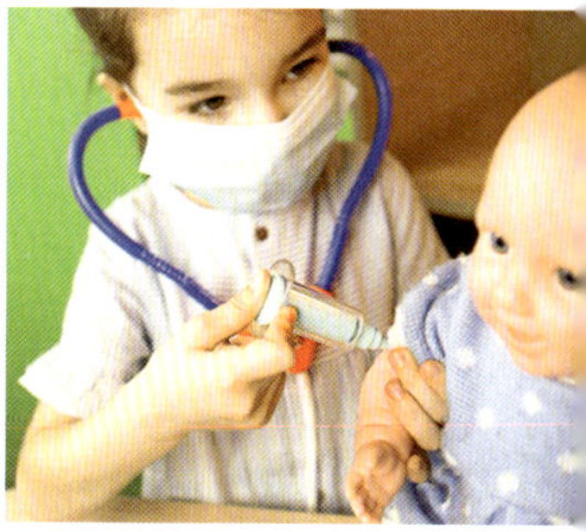

1. ______ du schon als Kind Ärztin werden?
2. Ich ______ früher Pilot werden.
3. Mein Bruder ______ schon mit 5 Jahren lesen.
4. Wir ______ mit 6 Jahren im Haushalt helfen.
5. Bis wie viel Uhr ______ ihr mit 8 Jahren abends Filme sehen?
6. Mein Großvater ______ 10 Kilometer zu Fuß zur Schule gehen.

11 Wie sind die Modalverben im Präteritum? Ergänze die Tabelle.

	dürfen	können	müssen	wollen
ich				wollte
du				wolltest
er, es, sie		konnte		
wir			mussten	
ihr	durftet			
sie, Sie			mussten	

12 Was ist in Erics Leben passiert? Lies die Sätze und ergänze *dürfen, können, müssen, wollen* im Präteritum.

1. Als Eric 4 Jahre alt war, hat er ein paar Buchstaben gelernt und konnte schon seinen Namen schreiben.
2. Als er 6 Jahre alt war, hatte er einen Unfall und ______ eine Woche im Krankenhaus bleiben.
3. Als er 8 war, war er im Zoo und ______ dann einen Affen als Haustier haben.
4. Als er 10 Jahre alt war, hat seine Cousine geheiratet und er ______ zum ersten Mal richtig spät ins Bett gehen.
5. Als Eric 12 war, hatte er eine Lieblingsband und ______ auch Sänger werden.
6. Als er 14 Jahre alt war, hatte er schlechte Noten in der Schule und ______ auch in den Sommerferien lernen.

13 Was weißt du über Käthe Kruse? Ordne die Wörter zu.

Künstler | begeistert | einstellen | Näherin | scheußlich | Werkstatt | präsentieren

1. Die Mutter von Käthe Kruse machte aus Stoff Kleider. Sie war ______ von Beruf.
2. Käthes Mann Max war ______. Er malte zum Beispiel Bilder für Theaterbühnen.
3. Die Puppen in den Geschäften haben Max damals gar nicht gefallen. Er sagte: „Die sind ______."
4. Zuerst machte Käthe Kruse ihre Puppen zu Hause. Später hatte sie eine ______, wo sie Puppen herstellte.
5. 1910 konnte Käthe Kruse ihre Puppen in einer Ausstellung in Berlin ______.
6. Viele Besucher der Ausstellung waren ______ von Käthe Kruses Puppen.
7. Käthe Kruse hatte dann so viel Arbeit, dass sie 120 Personen ______ musste.

14 Lies den Text und markiere alle Verben im Präteritum.

1902 lernte Käthe den Künstler Max Kruse kennen und verliebte sich. Im selben Jahr kam ihre erste Tochter Maria (genannt Mimerle) auf die Welt. Käthe zog dann mit ihrer Mutter und ihrer Tochter erst nach Italien, danach in die Schweiz. Max blieb in Berlin. Als sich Mimerle 1904 eine Puppe wünschte, schrieb Käthe an Max und bat ihn, eine Puppe aus Berlin mitzubringen. Aber er antwortete: „Ich kaufe euch keine Puppen.
Ich finde sie scheußlich. Macht euch selber welche." Und so bastelte Käthe ihre erste Puppe.

15 Ordne die Verben aus Übung 14 zu und ergänze die Tabelle.

regelmäßig		unregelmäßig	
Infinitiv	Präteritum er, sie	Infinitiv	Präteritum er, sie
kennenlernen	lernte kennen	kommen	kam

16 **Wie wurde Cornelia Funke Schriftstellerin? Ergänze die Verben im Präteritum.**

Cornelia Funke kam (kommen) 1958 in Dorsten zur Welt. Nach der Schule ________ (ziehen) sie nach Hamburg. Dort ________ (machen) sie eine Ausbildung und ________ (arbeiten) dann drei Jahre lang mit Kindern. Zur gleichen Zeit ________ (studieren) sie auch an der Universität Hamburg und ________ (lernen), Bilder für Kinderbücher zu malen. Die Arbeit an den Kinderbüchern ________ (machen) ihr so viel Spaß, dass sie die Idee ________ (haben), selbst Kinderbücher zu schreiben. 1988 ________ (schreiben) sie ihr erstes Buch. Ihr Buch „Herr der Diebe" ________ (sein) 2002 so erfolgreich, dass man es in 23 Sprachen lesen ________ (können). Heute ist Cornelia Funke eine weltweit bekannte Schriftstellerin, die auch Filme macht.

17 **Wie hat Nora ihre Präsentation strukturiert? Was ist logisch? Verbinde.**

1. Als Erstes erklärt sie,
2. Als Nächstes erzählt sie,
3. Zum Schluss sagt sie

a. ihre Meinung zu den Vor- und Nachteilen der Erfindung.
b. wann und wo man Handys mit Kamera erfunden hat.
c. was sie über das Thema von ihrer Familie erfahren hat.

2.04 **18** **Hör jetzt den Anfang ihrer Präsentation und kontrolliere.**

2.05 **19** **Welche Meinung hat Nora zur Erfindung von Mobiltelefonen mit Kamera? Hör das Ende ihrer Präsentation und kreuz an.**

	richtig	falsch
1. Nora findet, dass man durch Fotos gut mit Freunden in Kontakt bleiben kann.	☐	☐
2. Für Nora ist es ein Nachteil, dass auf Festen alles fotografiert wird.	☐	☐
3. Sie findet, dass sie auf Festen selbst zu viele Fotos macht.	☐	☐

20 **Was sagt Nora zum Ende ihrer Präsentation? Ergänze.**

_ i _ _ _ _ _ _ n _
_ _ _ s Z _ _ ö _ _ _!

Wortschatz Modul 11

1 Wie wird ein Blog gemacht?

KB 1–5

		Meine Sprache
die Datei, -en		
der Blogeintrag, ¨-e		
das Magazin, -e		
der Inhalt, -e		
die Umfrage, -n		
das Formular, -e		
der Anhang, ¨-e	Im Anhang schicke ich euch ein Formular.	
die Naturwissenschaft, -en		
der Autor, -en die Autorin, -nen		
der Titel, -		
die Länge, -n		
der Abgabetermin, -e	Wann ist der Abgabetermin?	
recherchieren	Ich recherchiere im Internet.	
öffnen	Kannst du die Datei öffnen?	
speichern		
kopieren		
löschen		
kommentieren		
hochladen	*ich lade hoch, du lädst hoch, …*	
herunterladen	*ich lade herunter, du lädst herunter, …*	
weiterleiten	Er leitet mir die Datei weiter.	
gemeinsam		
unterschiedlich		
aktuell		
erst mal		

KB 6–13

		Meine Sprache
der Erfinder, - die Erfinderin, -nen		
die Erfindung, -en		
die Gestaltung, -en	Die Gestaltung der Website gefällt mir.	
die Anrede, -n		
die Einleitung, -en		
der Hauptteil, -e		
der Abschluss, ¨-e		
der Fakt, -en		
der Hintergrund, ¨-e		
das Mikrofon, -e	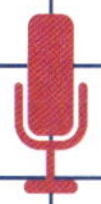	
erkennen		
korrigieren		
planen		
freischalten	Der Blog wird morgen freigeschaltet.	
bearbeiten		
testen		
kurios		
einige	Ich habe einige Websites angesehen.	
Mit freundlichen Grüßen		

KB 14–20

das Material, Materialien		
der Chip, -s	die Chipkarte	
das Mobiltelefon, -e		
das MP3-Format, -e		
der Scanner, -		
der Taschenrechner, -		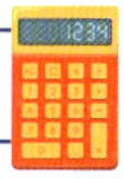
das Navigationsgerät, -e		
das soziale Netzwerk		
das Asthma (Singular)		
der Wald, ¨-er		

		Meine Sprache
die Bank, -en	die Bankkarte	
die Funktion, -en		
der Speicherplatz, ¨-e		
die Daten (Plural)		
die Menge, -n		
das Kabel, -		
die Chance, -n		
die Tasche, -n	die Jackentasche, die Hosentasche	
einstellen	Du musst die Kamera richtig einstellen.	
verdanken		
tragen	*ich trage, du trägst, …*	
erfinden		
fälschen	Die Karte kann man nicht fälschen.	
digitalisieren		
verkleinern		
verschicken		
komprimieren	Die Daten muss man komprimieren.	
weltweit		
als Erstes	Als Erstes sammeln wir Ideen.	
als Nächstes		
zum Schluss		

1 **Welche Verben aus der Wortliste passen? Ergänze.**

1. der Kommentar – ______________________
2. der Plan – ______________________
3. der Test – ______________________
4. die Erfindung – ______________________
5. falsch – ______________________

2 **Was sind soziale Netzwerke? Notiere 3 Beispiele.**

____

2 Worum geht es?

KB 1–8

		Meine Sprache
der Wissenschaftler, - die Wissenschaftlerin, -nen		
das Institut, -e		
die Folge, -n	Hör die neue Folge unserer Podcasts!	
das Abitur (Singular)		
das Experiment, -e		
das Gespräch, -e		
die Grundschule, -n		
denken an	Sie denkt oft an ihre Schulzeit.	
sich erinnern an		
diskutieren über		
sich interessieren für		
teilnehmen an	Er nimmt an dem Workshop teil.	
wissen über	Ich weiß viel über Geschichte.	
sich anmelden für		
sich bedanken für		
erzählen von		
sich informieren über		
sich freuen über / auf	1. Ich freue mich über das Geschenk. 2. Ich freue mich auf die Ferien.	
ehemalig	Sie ist eine ehemalige Schülerin des Gymnasiums.	

KB 9–16

das Abenteuer, -		
die Liebe (Singular)		
die Liebesgeschichte, -n		
der Roman, -e	der Fantasy-Roman	
der Thriller, -		
die Biografie, -n		
die Rubrik, -en	Es gibt auf der Website eine neue Rubrik mit Buchtipps.	

		Meine Sprache
der Leser, - die Leserin, -nen		
die Empfehlung, -en		
die Seite, -n		
die Hauptfigur, -en		
die Szene, -n		
die Reihe, -n	die Buchreihe, die Comicreihe	
das Geheimnis, -se		
der Regisseur, - die Regisseurin, -nen		
der Hauptdarsteller, - die Hauptdarstellerin, -nen		
empfehlen	*ich empfehle, du empfiehlst, …*	
beschreiben		
ermorden		
sich verlieben		
beginnen	Sie verlieben sich und eine große Liebesgeschichte beginnt.	
ehrlich		
genial		

➔ KB 17–20

das Ereignis, -se		
die Polizei (Singular)		
der Polizist, -en die Polizistin, -nen		
der Einsatz, ¨-e	Polizeieinsatz im Tierpark	
die Stimme, -n	Sina hörte eine Stimme und informierte die Polizei.	
die Schulleitung, -en		
der Fall, ¨-e		
der Dieb, -e die Diebin, -nen		
der Papagei, -en		

		Meine Sprache
der Krimi, -s		
der Mord, -e		
das Verschwinden (Singular)	Herr Prinz meldete das Verschwinden des Vogels.	
das Autogramm, -e		
warten auf		
sich verstecken		
reagieren		
Bescheid sagen		
erschrecken	*ich erschrecke, du erschrickst, …*	
wegfliegen		
melden		
Angst haben		
wohl	Der Papagei ist wohl erschrocken und weggeflogen.	

1 **Markiere die Verben mit Präposition mit verschiedenen Farben.**

denken an	
sich erinnern an	
diskutieren über	

2 **Welche Nomen aus der Wortliste passen? Ordne zu.**

1. Eine Person, die eine Zeitung oder ein Buch liest. = der ____________
2. Eine Person, die eine große Rolle in einem Film spielt. = die ____________
3. Eine Person, die in einem Roman am wichtigsten ist. = die ____________

3 **Welche Nomen aus der Wortliste passen zum Thema Schule? Notiere.**

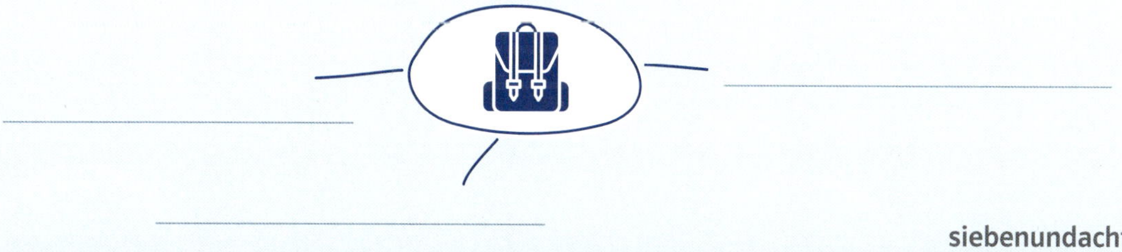

3 Das konnte man früher nicht!

➔ KB 1–7

		Meine Sprache
der Vordergrund, ¨-e		
der Wettkampf, ¨-e		
Snowboard fahren		
der Milchzahn, ¨-e		
enttäuscht		
zum ersten Mal		
als		

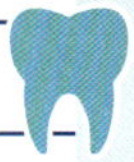

➔ KB 8–13

die Fotostrecke, -n		
die Zeitung, -en		
der Aspekt, -e	Welchen Aspekt findet ihr interessant?	
der Satz, ¨-e		
die Frisur, -en		
die Programmiersprache, -n		
die Videokamera, -s	Diese Videokamera ist aus den Neunzigerjahren.	
vergleichen		
auswählen		
erkennen an	Das erkennt man an den Frisuren.	
rauchen		
abschreiben	Wir mussten viel von der Tafel abschreiben.	
speziell		
überall		

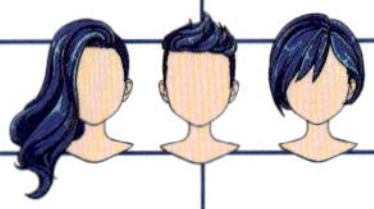

➔ KB 14–19

der Näher, - die Näherin, -nen		
der Künstler, - die Künstlerin, -nen		
die Puppe, -n		

		Meine Sprache
der Zeitpunkt, -e	Ab diesem Zeitpunkt stellte sie immer mehr Puppen her.	
der / die Bekannte, -n		
das Kaufhaus, ¨-er		
der Auftrag, ¨-e		
die Werkstatt, ¨-en		
auf die Welt kommen		
aufwachsen	*ich wachse auf, du wächst auf, …*	
sterben	Käthe Kruse ist 1968 gestorben.	
nennen	Emilia wird auch Emi genannt.	
bitten		
antworten		
präsentieren		
einrichten		
einstellen	Käthe Kruse stellte Näherinnen ein.	
erfolgreich		
scheußlich	Ich finde diese Puppe scheußlich.	
begeistert		
arm		
eng		
im selben Jahr		

1 **Welche Nomen aus der Wortliste passen? Notiere.**

1. Ein Zahn, den nur Kinder haben. = der ____________
2. Eine Person, die man kennt. = ____________
3. Eine Frau, die Kleider näht. = ____________
4. Ein Mann, der Kunst macht. = ____________
5. Ein Spielzeug, das wie ein Junge / Mädchen aussieht. = ____________
6. Ein Gebäude, wo es viele Geschäfte gibt. = ____________

2 **Mit welchen Adjektiven aus der Wortliste kannst du eine Person beschreiben? Notiere.**

3 **Welche Adjektive passen hier? Ergänze.**

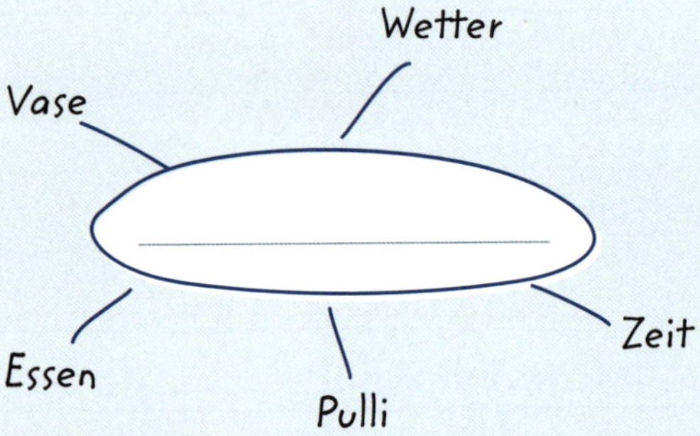

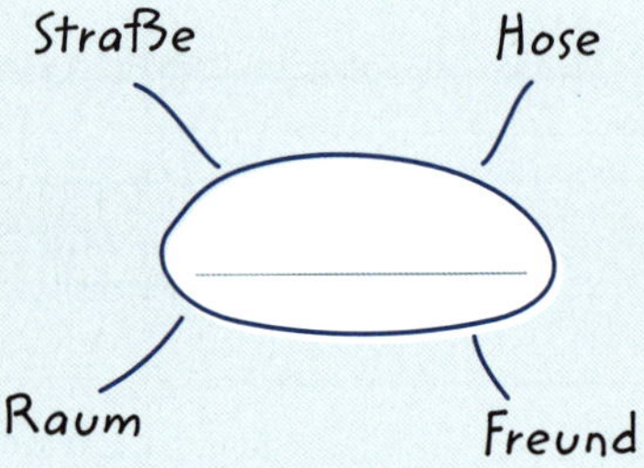

4 **Wie viele trennbare Verben findest du? Markiere.**

auswählen

5 **Welche Wörter aus der Wortliste passen? Ergänze.**

1. die Antwort – ______________________
2. die Präsentation – ______________________
3. der Erfolg – ______________________

Schreibtraining

1 **Du bekommst eine E-Mail von Lisa und sollst darauf antworten. Lies zuerst genau ihre E-Mail und markiere: Was schlägt Lisa den Mitgliedern des Radioclubs vor? Was fragt sie?**

Liebe Radioclub-Gruppe,
wie ihr wisst, wird unsere Schule dieses Jahr fünfzig Jahre alt. Deshalb würde ich mit dem Radioclub gern eine Podcast-Reihe dazu machen. Ich stelle mir vor, dass wir Interviews mit Schülerinnen und Schülern durchführen, die früher an unserer Schule waren, oder auch mit ehemaligen Lehrerinnen und Lehrern, Hausmeistern oder Schulleitungen. Gefällt euch die Idee und habt ihr Lust mitzumachen? Frau Haag von der Literatur-AG würde uns dabei helfen, die Personen zu finden. Über welche Themen würdet ihr gern etwas erfahren? Vielleicht könnten wir für die Podcast-Reihe auch Musik von damals auswählen? Was meint ihr?
Ich freue mich auf eure Antworten.
Viele Grüße
Lisa

2 **Welche Antworten passen zu Lisas Fragen? Kreuz an.**

1. a. ☐ Ich wünsche dir viel Spaß bei den Interviews.
   b. ☐ Deine Idee mit den Interviews finde ich super und mache sehr gern mit.
2. a. ☐ Ich würde gern etwas über Hausaufgaben und Stundenpläne erfahren.
   b. ☐ Ich interessiere mich für die technische Entwicklung in den letzten Jahrzenten.
3. a. ☐ Mir gefällt deine Idee, Musik von damals auszuwählen.
   b. ☐ Ich finde den Vorschlag super, Musik aus den 1950er-Jahren im Podcast zu spielen.

3 **Du hast noch Fragen und Ideen: Zu welchen Sätzen in Übung 2 passen sie?**

☐ Wir könnten mit unseren Interviewpartner auch über die Musik von damals sprechen. Welche Musik war aktuell und was waren ihre Lieblingslieder?
☐ Wann und wo wollen wir vom Radioclub uns mal treffen?
☐ Gab es viele Hausaufgaben und wann hat die Schule morgens angefangen?

4 **Überleg noch: Welche Sätze passen am Anfang und am Ende? Kreuz an.**

☐ Danke für deine E-Mail.
☐ Ich habe deine E-Mail gelesen.
☐ Ich freue mich auf deine Antwort.
☐ Ich freue mich auf unsere Podcast-Reihe!

5 **Schreib jetzt eine E-Mail an Lisa mit den Sätzen und Fragen aus Übung 2–4.**

Liebe Lisa, ...

1 Wie werden wir leben?

1 **Wie spielen die Freunde das Gummibärchenspiel? Ordne die Sätze.**

a. ☐ Alle interpretieren zusammen die Wörter und beantworten Leons Frage.
b. 1 Leon stellt eine Frage zu seiner Zukunft.
c. ☐ Emilia ordnet die Gummibärchen nach Farben.
d. ☐ Sie sieht in einer Tabelle die Bedeutung der Farben nach.
e. ☐ Er zieht 5 Gummibärchen.

2 **Wie werden Emilia, Jasmin, Leon, Lisa und Malik in 10 Jahren leben? Verbinde.**

1. Leon wird …	a. vielleicht Informatikkurse an der Universität geben.
2. Lisa wird …	b. sicher noch gute Freunde sein.
3. Malik wird …	c. vielleicht einen Treffpunkt für Kinder in ihrem Stadtteil eröffnen.
4. Jasmin wird …	d. bestimmt als Fotograf arbeiten.
5. Emilia wird …	e. wahrscheinlich für eine Umweltorganisation arbeiten.
6. Alle werden …	f. wahrscheinlich ein noch unbekannter Schriftsteller sein.

3 **Wer wird was in 10 Jahren nicht machen? Ergänze die Namen.**

1. ______________ wird sicher nicht mit dem Auto zur Arbeit fahren.
2. ______________ wird nicht nur Artikel für einen Blog schreiben.
3. ______________ wird nicht mehr mit ihren Schwestern zusammenwohnen.
4. ______________ wird bestimmt nicht ohne die neuesten technischen Geräte leben.
5. ______________ wird sicher nicht in einer anderen Stadt wohnen.

4 **Wie sind die Reaktionen? Ergänze.**

~~auch~~ | ganz | hoffentlich | ~~nicht~~ | nicht | nicht | stimmen | Quatsch

Das glaube ich auch ______.	Das glaube ich nicht ______.
Das könnte ______.	So ein ______!
______!	Hoffentlich ______.
______ bestimmt!	Bestimmt ______!

5 **Wie wirst du in 10 Jahren leben? Reagiere auf die Prognosen wie in Übung 4.**

1. Du wirst noch mit deinen Eltern zusammenwohnen. ______
2. Du wirst in einem anderen Land leben. ______
3. Du wirst in einem kleinen Dorf wohnen. ______
4. Du wirst in einem Baumhaus leben. ______
5. Du wirst viele Haustiere haben. ______

6 **Wie stellt sich Marie ihre Zukunft vor? Ordne die Verben zu.**

bekommen | aufpassen | bitten | stellen | machen

Ich möchte Karriere ______ und Roboter für Kinder bauen. Diese Roboter werden dann im Kindergarten auf Kinder ______. Die Kinder können den Robotern immer Fragen ______, sie wissen alles. Außerdem singen und spielen die Roboter mit ihnen und vor dem Mittagessen ______ sie die Kinder, sich die Hände zu waschen. Wenn meine Freunde Kinder ______, schenke ich ihnen natürlich so einen Roboter.

7 **Was ist das? Ergänze die Nomen mit Artikel.**

1. Ein Weg, den Fußgänger benutzen: der ______
2. Eine kleine Maschine, die ohne einen Piloten fliegt: ______
3. Ein Ort, wo man Autos parkt: ______
4. Ein Tipp, den man von einer Person bekommt: ______
5. Energie, die ökologisch produziert wird: ______
6. Etwas, das in einem Geschäft oder online verkauft wird: ______

2.06

8 **Wird es in Zukunft mehr Dachgärten geben? Was denken Finn und Jana? Hör das Gespräch und kreuz an.**

1. Finn kann sich nicht vorstellen, dass es in Zukunft viele Dachgärten geben wird,
   a. ☐ weil die Pflanzen viel Wasser brauchen.
   b. ☐ weil es dort für Pflanzen zu heiß ist.

2. Jana ist sich sicher, dass in Großstädten viele Häuser einen Dachgarten haben werden,
   a. ☐ weil man da Gemüse pflanzen kann.
   b. ☐ weil sie die Stadt kühler machen.

3. Jana kann sich vorstellen, dass es den Beruf des Dachgärtners geben wird,
   a. ☐ weil viele Menschen zu wenig Zeit für Gartenarbeit haben.
   b. ☐ weil viele Menschen zu wenig über Pflanzen wissen.

2.06

9 **Wie reagieren Jana und Finn in der Diskussion? Hör noch einmal und ergänze die Sätze.**

1. Jana: Das sehe ____________________.
2. Finn: Meinst du wirklich? Ich ______________________________.
3. Finn: Das ist ____________________.

10 **Wie wird das Leben im Jahr 2050 sein? Verbinde die Prognosen und die Folgen.**

1. Die Ressourcen werden knapper.
2. Wir werden mehr Dinge gemeinsam nutzen.
3. Maschinen werden mehr Arbeit übernehmen.
4. Wir werden nicht so viel Stress haben.
5. Virtuelle Welten werden auch für Kinder immer interessanter.

a. Deswegen wird es weniger Müll geben.
b. Deshalb werden wir mehr Freizeit haben.
c. Deswegen wird Recycling immer wichtiger.
d. Darum wird es neue Gesetze und Regeln geben.
e. Deshalb werden wir weniger krank sein.

11 **Was sind die Folgen? Ergänze die Sätze.**

1. Drohnen werden Lebensmittel nach Hause liefern.

Deshalb ______________________________

____

2. In den Parks werden Roboter Müll sammeln.

Darum ______________________________

____

3. In den Städten wird es keine Autos und keine Parkplätze mehr geben.

Deswegen ______________________________

4. Auf allen Dächern wird es Gärten geben.

Darum ______________________________

5. Auf dem Land werden Jugendliche E-Roller gratis leihen können.

Deshalb ______________________________

6. Im Kino wird man alle Filme in 5D sehen.

Deswegen ______________________________

2.07

12 **Wie stellt sich Herr Müller, Lehrer im Einstein-Gymnasium, die Schule der Zukunft vor? Über welche Themen spricht er? Hör zu und kreuz an.**

☐ Fächer ☐ Tests ☐ Noten

☐ Schulbücher ☐ Stundenplan ☐ Schultaschen

2.07

13 **Was sagt er genau? Welche Vorteile sieht er für wen? Hör noch einmal und notiere Stichwörter.**

1. *Tests: nur noch digital, Vorteile:* ______________________________

____

2. ______________________________

____

3. ______________________________

____

14 **Schreib einen Text mit deinen Notizen aus Übung 13 ins Heft.**

Der Lehrer ist der Meinung, dass ...

15 **Wie soll die Schule der Zukunft sein?**
Ordne zu und ergänze die Nebensätze in der richtigen Form.

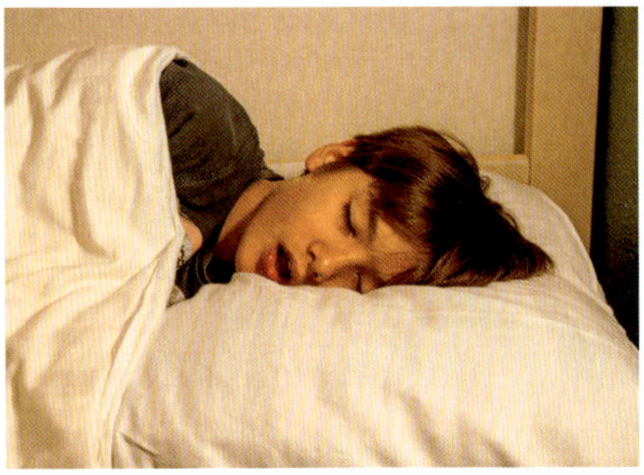

Wir fühlen uns in der Schule richtig wohl. | Wir können immer ausschlafen. | Wir bekommen kreative Ideen für ein glückliches Leben. | Der Unterricht wird interessanter. | Wir können dort essen und chillen.

1. Die Schule der Zukunft fängt erst um 10 Uhr an, damit ______
2. Die Klassenräume sind bunt und bequem, damit ______
3. Es gibt mehr Projekte und weniger Klassenarbeiten, damit ______
4. Drohnen fliegen das Mittagessen von der Mensa ins Klassenzimmer, damit ______
5. Es gibt das Fach „Glück", damit ______

G Clip 9

16 **Wozu machen wir das? Ordne zu.**

1. Wir machen bei Müllaktionen mit.
2. Wir tauschen Klamotten,
3. Wir kaufen Obst auf dem Markt.
4. Wir schalten abends elektrische Geräte aus.
5. Wir fahren mit dem Zug in den Urlaub.
6. Wir pflanzen Bäume auf dem Schulhof.

a. Damit es dort mehr Schatten gibt.
b. Damit wir weniger Verpackungen benutzen.
c. Damit wir weniger Ressourcen verbrauchen.
d. Damit wir klimafreundlich reisen.
e. Damit die Parks sauber sind.
f. Damit wir Strom sparen.

1	2	3	4	5	6

17 **Formuliere jetzt die Sätze 2–5 aus Übung 16 mit *um … zu*. Schreib ins Heft.**

2. Wir tauschen Klamotten, um …
3.
4.
5.

18 Um welche Aktion geht es? Lies die Posts, wähl aus und ordne zu.

1

Auch am Wochenende wird es nicht regnen – Wildtiere bekommen große Probleme.
www.radio-bärlin.de

Wildtiere brauchen eure Hilfe an heißen Sommertagen

Weil es **trocken und heiß** ist, finden Vögel, Igel und Insekten zu wenig Wasser zum Trinken und zum Baden. Stellt ihnen einen flachen Teller mit Wasser im Schatten auf die Terrasse oder den Balkon.

2

Naturschutz Freiburg

Sara T. in der Gruppe Naturschutz Freiburg

Endlich gibt es wieder die nächste Kleidertauschparty vom **Naturschutz Freiburg** und du bist herzlich eingeladen!

Wann: am Samstag, 24.6., 13–18 Uhr
Wo: im Jugendtreff Süd, im Hof

Du kannst bis zu 10 Kleidungsstücke (gewaschen und nicht kaputt) mitbringen und genauso viele Kleidungsstücke mitnehmen.
Wir freuen uns auf dich!

3

// Blogpost //

Digitaltage Schillerschule

Schiller-Gymnasium

Smartphone Fragestunde für Menschen ab 60+

Wir freuen uns auf die **DIGITALTAGE** an unserer Schule und suchen noch Helfer und Helferinnen ab 14 Jahren für unser **PROJEKT SMARTPHONE FRAGESTUNDE FÜR SENIOREN**.

Wir wollen kostenlose Hilfe für ältere Menschen anbieten und beantworten zum Beispiel Fragen zur Nutzung und Installation von Apps. Habt ihr Lust mitzumachen? Dann meldet euch bei der Technik AG!

- [ ] Spenden für das Tierheim
- [ ] Unterstützung für Senioren
- [ ] Tierschutzaktion
- [ ] Tauschbörse für Klamotten
- [ ] Smartphone-Sammlung

19 Wie engagiert man sich bei den Aktionen? Lies die Posts in Übung 18 noch einmal und markiere dort.

20 Welche Möglichkeiten gibt es noch, um sich zu engagieren? Recherchiere Beispiele für deinen Wohnort und notiere sie.

1. ____________________
2. ____________________
3. ____________________

21 Bei welcher Aktion aus Übung 18 oder Übung 20 würdest du gern mitmachen? Warum? Aus welchen Gründen findest du die Aktion wichtig? Schreib ins Heft.

Ich würde gern … mitmachen, weil …

2 Wie geht's weiter?

1 **Welche Pläne haben Leon, Lena und Sofia für die Zukunft? Ordne zu.**

1. Lena und Sofia machen bald
2. Leon möchte nächstes Jahr
3. Sofia muss nächstes Jahr
4. Lena und Sofia machen in 2 Jahren
5. Sofia will nach der Schule
6. Lena möchte nach dem Abitur

a. eine Reise ins Ausland machen.
b. Jura studieren.
c. eine Ausbildung als Fotograf machen.
d. ein Schülerpraktikum.
e. viel für die Prüfungen lernen.
f. Abitur.

1	2	3	4	5	6

2 **Was erzählt Lena ihrer Freundin? Lies die Nachricht und ergänze die richtige Präposition.**

an | auf | auf | bei | für | über | von

Hi Ayla! Na, sitzt du schon am Schreibtisch und bereitest dich ________ die Präsentation am Mittwoch vor? Sofia und ich sind noch in der Schule und warten ________ den Bus. Rat mal, wen wir vor 5 Minuten getroffen haben? Leon! Erinnerst du dich noch ________ ihn? Das ist der Junge, der sich auch ________ Kameras und Fotos interessiert. Er hat uns ________ seinem Schülerpraktikum erzählt. Stell dir vor, das Praktikum hat er ________ Jana Schill gemacht! Das ist doch die bekannte Fotografin! Wir haben letzte Woche im Kunstunterricht ________ sie gesprochen. Ist das nicht unglaublich?

3 Wie sind die Fragewörter? Ergänze.

	Person	Sache
warten auf (+ A)	Auf wen?	Worauf?
sich erinnern an (+ A)		
sich interessieren für (+ A)		
sprechen über (+ A)		
sich freuen auf (+ A)		
mitmachen bei (+ D)	Bei wem?	
erzählen von (+ D)		

4 Was passt zusammen? Verbinde.

1. Wofür interessierst du dich?
   Für wen interessierst du dich?
2. Wovon erzählen deine Eltern gern?
   Von wem erzählen deine Eltern gern?
3. Worüber sprecht ihr?
   Über wen sprecht ihr?

a. Für Naturwissenschaften.
b. Für diese Musikerin.

a. Von ihren Geschwistern.
b. Von ihrer Hochzeit.

a. Über Marie.
b. Über das Wochenende.

5 Was antwortet Sofia ihrer Freundin? Kreuz an.

1. ● Ich bereite mich schon auf das Abitur vor. Und du?
   ○ ☐ Auf es ☒ Darauf bereite ich mich auch schon vor.
2. ● Hast du dich über die Themen informiert?
   ○ Nein, ☐ über sie ☐ darüber habe ich mich noch nicht richtig informiert.
3. ● Ich habe Angst vor unserer Mathelehrerin. Und du?
   ○ ☐ Vor ihr ☐ Davor habe ich keine Angst! Sie ist doch nett!
4. ● Erinnerst du dich noch an unsere erste Deutschstunde?
   ○ Ja, ☐ an sie ☐ daran kann ich mich noch gut erinnern. Es war total lustig.
5. ● Wartest du auch auf Lena?
   ○ Ja, ich warte auch ☐ auf sie ☐ darauf.
6. ● Sprichst du zu Hause oft über die Prüfungen?
   ○ Ja, meine Eltern wollen die ganze Zeit ☐ über sie ☐ darüber sprechen.
7. ● Ich freue mich schon so auf die Ferien. Und du?
   ○ ☐ Auf sie ☐ Darauf freue ich mich auch schon.

6 Was sagen die beiden? Ergänze.

1. ● Worüber habt ihr gestern in der Schule gesprochen?
   ○ Über den Ausflug nächsten Monat.
   ● Was? Darüber habt ihr jetzt schon gesprochen?
2. ● ________ denkst du?
   ○ An die Sommerferien.
   ● ________ denke ich auch oft.
3. ● ________ interessierst du dich?
   ○ Für Biografien.
   ● ________ interessiere ich mich auch.
4. ● ________ sprichst du bei deiner Präsentation?
   ○ Über Albert Einstein.
   ● Wirklich? ________ wollte ich auch sprechen.

7 Lies die Definitionen und notiere alle Berufe wie in einem Kreuzworträtsel in dein Heft. Passt alles?

1. Ein Mann, der etwas baut, herstellt oder repariert.
2. Ein Mann, der auf dem Land mit Pflanzen und Tieren arbeitet.
3. Eine Frau, die in der Schule Unterricht gibt.
4. Ein Mann, der im Restaurant das Essen bringt.
5. Eine Frau, die Artikel für eine Zeitung schreibt.
6. Eine Frau, die ein Instrument spielt und Konzerte gibt.

8 Welche Zukunftspläne haben sie? Lies, hör zu und kreuz an. Ein Plan bleibt übrig.

2.08

Junis	Elif	Olga	Max	
				hat sich noch nicht für eine Ausbildung oder ein Studium entschieden.
				spart Geld, um nach dem Abitur eine Reise ins Ausland zu machen.
				ist sich sicher, dass er / sie Medizin studieren möchte.
				möchte im Ausland studieren.
				möchte lieber eine Ausbildung machen und nicht mehr zur Schule gehen.

9 Was erzählt Leon zu den Fotos von seinem Praktikum? Verbinde.

1. Das ist die Fotografin,
2. Das ist der moderne Fotoapparat,
3. Das ist das Gelände,
4. Das sind die anderen Praktikanten,

a. auf dem wir die Hochzeitsfotos gemacht haben.
b. bei der ich das Praktikum gemacht habe.
c. mit denen ich oft zu Mittag gegessen habe.
d. mit dem man tolle Fotos machen kann.

10 Was sagt Mia zu den Fotos von ihrem Praktikum? Ordne zu.

auf den | bei der | mit dem | mit dem | von dem

1. Das ist die Journalistin, ______ ich gearbeitet habe.
2. Das ist das Mikrofon, ______ ich Interviews durchgeführt habe.
3. Hier ist der Praktikant, ______ ich dir so viel erzählt habe.
4. Das ist der Laptop, ______ ich Texte für die Zeitung geschrieben habe.
5. Das ist der alte Aufzug, ______ ich oft lange warten musste.

11 Für welches Praktikum interessiert sich Liam? Ordne die Verben in der richtigen Form zu.

Angst haben | arbeiten | sich beschäftigen | ~~sich bewerben~~ | sich kümmern | machen | passen

Ich möchte ein dreiwöchiges Schülerpraktikum machen und muss *mich* diese Woche noch *bewerben*. Wir haben zwei Hunde und ich ______ ______ um sie, wenn meine Eltern arbeiten. Wir hatten immer Haustiere und ich habe ______ schon als kleines Kind gern mit Tieren ______. Deshalb würde ich auch im Praktikum gern mit Tieren ______. Aber ich ______ ein bisschen ______ vor Spritzen und kann auch kein Blut sehen, deshalb möchte ich kein Praktikum beim Tierarzt ______. Vielleicht würde ein Praktikum im Tierheim gut zu mir ______.

12 Was hat Lena bei der Tierärztin erlebt? Ergänze *-en*, *-n* oder mach einen Strich –.

1. ● Guck mal, den Hase__n__ habe ich mit der Spritze gefüttert.
   ○ Wie süß! Wer hat das Foto von dem Hase______ gemacht?
   ● Das war Sam, der andere Praktikant______ von Frau Dorn.

2. ● Das ist Doktor Dorn mit einem Schwein. Sie hat mir erzählt, dass sie sich auch mal um einen Bär______ gekümmert hat.
   ○ Was? Da war ein Bär______ in der Tierklinik?
   ● Nein, sie hat dem Bär______ in einem Zoo geholfen.

3. ● Schau mal, das ist der Hund von dem Junge______, der so geweint hat.
   ○ Warum war der Junge______ denn so traurig?
   ● Er hatte Angst, dass sein Hund stirbt. Aber Doktor Dorn konnte dem Hund helfen und ich habe mich um den Jung______ gekümmert.

13 Wie sind die Schülerpraktikanten? Kreuz das passende Adjektiv an.

1. Ali kann gut allein arbeiten. Er ist ☐ selbstständig. ☐ ruhig.
2. Sara hilft den anderen gern bei der Arbeit. Sie ist ☐ stark. ☐ hilfsbereit.
3. Tim ist immer als Erster mit seiner Arbeit fertig. Er ist ☐ genau. ☐ schnell.
4. Nina hat in vielen Situationen gute Ideen. Sie ist ☐ kreativ. ☐ freundlich.
5. Daria wartet ohne Probleme auf langsame Kunden. Sie ist ☐ geduldig. ☐ flexibel.
6. Miro spricht ohne Probleme mit allen Kunden. Er ist ☐ zuverlässig. ☐ selbstbewusst.

14 Wie sind die Berufe? Was passt nicht? Streich durch.

1. Piloten haben einen
   verantwortungsvollen | gefährlichen | künstlerischen Beruf.
2. Schauspielerinnen haben einen
   langweiligen | abwechslungsreichen | kreativen Beruf.
3. Krankenpfleger haben einen
   wichtigen | anstrengenden | gefährlichen Beruf.
4. Polizistinnen haben einen
   abwechslungsreichen | kreativen | spannenden Beruf.
5. Architekten haben einen
   interessanten | nützlichen | stressigen Beruf.

15 **Besser schreiben: Wie kann man die Berufe genauer oder interessanter beschreiben? Ergänze passende Adjektive zu den markierten Wörtern und schreib die Texte ins Heft.**

1. Krankenpfleger / Krankenpflegerin: Das ist ein Beruf, bei dem man sich um Menschen kümmert. Man arbeitet in einem Krankenhaus oder bei Menschen zu Hause.
2. Kellner / Kellnerin: Das ist ein Beruf, bei dem man viel Kontakt zu Menschen hat. Man arbeitet in Cafés oder Restaurants, empfiehlt den Gästen Gerichte und bringt Speisen und Getränke an den Tisch.
3. Schauspieler / Schauspielerin: Das ist ein Beruf, bei dem man Talent braucht. Man spielt Rollen und muss zu Hause oft Texte lernen.

1. Das ist ein wichtiger Beruf, bei dem man sich um kranke Menschen kümmert. Man ...

16 **Was hat Ben von seiner Tante über ihren Beruf erfahren? Ordne seine Notizen seinen Fragen zu.**

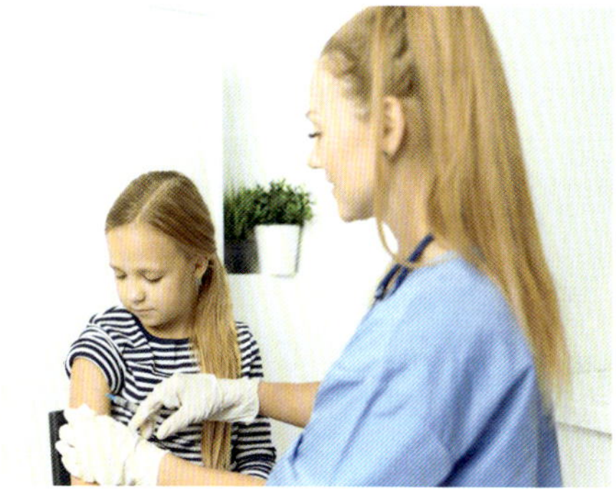

1	2	3	4	5

1. Wo und wann arbeitest du?
2. Was gehört zu deinen Aufgaben?
3. Was gefällt dir an deinem Beruf?
4. Was gefällt dir nicht an deiner Arbeit?
5. Zu wem passt dieser Beruf?

a. Fieber messen, Spritzen geben, Essen verteilen
b. zu freundlichen, verantwortungsvollen Personen
c. die Arbeitszeiten
d. abwechslungsreicher Beruf; Kontakt zu verschiedenen Menschen
e. in der Uniklinik Freiburg; morgens, mittags, abends; auch am Wochenende und Feiertagen

17 **Führ mit einem Familienmitglied ein Interview mit den Fragen aus Übung 16 durch. Mach Notizen und schreib den Text ins Heft.**

Meine / Mein … arbeitet als … in / bei …
Sie / Er muss … arbeiten …
Zu ihren / seinen Aufgaben gehört es, … zu …
An ihrem / seinem Beruf gefällt ihr / ihm, dass …
Ihr / Ihm gefällt nicht, dass …
Sie / Er meint, dass dieser Beruf gut zu … Menschen passt, die …

3 Wir planen eine Klassenfahrt

1 **Wie heißen die Sachen, die vor Lisa liegen? Notiere.**

die Klamotten

2 **Was braucht Lisa für die Klassenfahrt? Was passt nicht? Streich durch.**

1. eine Trinkflasche | ein Picknick | Reiseproviant | eine Brotdose
2. Flip-Flops | Gummistiefel | feste Schuhe | Reitstiefel
3. Ohrringe | ein Duschgel | ein Shampoo | einen Kamm
4. einen Schlafanzug | einen Badeanzug | einen Karateanzug | Klamotten
5. eine Schwimmbrille | einen Sonnenhut | eine Sonnenbrille | eine Sonnencreme
6. ein Ladegerät | eine Schreibmaschine | ein Handy | einen Kopfhörer

3 **Welche Sachen nimmt man noch auf eine Reise mit? Ordne zu und notiere die 6 Wörter mit Artikel ins Heft.**

Zahn- | Hand- | Taschen- | Fahrrad- | Bade- | Taschen-

-geld | -lampe | -bürste – | -sachen | -tuch | -helm

4 Welche Pläne haben Emilia und Lisa? Sieh ihre Kalender an und ergänze die Sätze.

Emilia

JUNI

Sa	So	Mo	Di	Mi	Do	Fr
		packen	Klassenfahrt →	Wanderung	Party	

Lisa

Juni	Juli	August	September
Klassenfahrt	Oma + Opa besuchen	Spanien!!!	15.9.: Schulanfang + Klassenfrühstück!

übermorgen | in vier Wochen | am Mittwoch | nächste Woche | im August | in drei Monaten | am Donnerstagabend

1. Lisa und Emilia fahren ______ auf Klassenfahrt.
2. Lisa hat schon alles gepackt, aber Emilia packt erst ______.
3. ______ macht die Klasse eine Wanderung.
4. ______ feiert die Klasse eine Party am Strand.
5. ______ fährt Lisa zu ihren Großeltern.
6. ______ macht sie mit ihren Eltern in Spanien Urlaub.
7. ______ machen Lisa und Emilia zum Schulanfang ein Frühstück mit der ganzen Klasse.

5 Was passt: *deshalb* oder *trotzdem*? Kreuz an.

1. Plastik ist schlecht für die Umwelt.
   ☐ Deshalb ☐ Trotzdem kaufen wir keine Getränke in Plastikflaschen.
2. Autos produzieren viel CO_2.
   ☐ Deshalb ☐ Trotzdem fährt mein Vater mit dem Auto zur Arbeit.
3. Wir sollten unseren Konsum reduzieren.
   ☐ Deshalb ☐ Trotzdem kaufen wir viele neue Sachen.
4. Wir sollten weniger Strom verbrauchen.
   ☐ Deshalb ☐ Trotzdem schalten wir abends alle Geräte aus.
5. Recycling ist wichtig.
   ☐ Deshalb ☐ Trotzdem trennen wir unseren Müll nicht.
6. Mehr Menschen sollten sich für Umweltschutz engagieren.
   ☐ Deshalb ☐ Trotzdem organisieren wir eine Umwelt-Challenge.

6 Was macht Henri für seine Freunde? Ergänze die Sätze mit *trotzdem*.

1. Er zeltet nicht gern. Trotzdem macht er mit seinen Freunden auf dem Campingplatz Urlaub.
2. Er kocht nicht gern. Trotzdem ______________________
3. Er interessiert sich nicht für Musik. Trotzdem ______________________
4. Er kann nicht gut singen. Trotzdem ______________________

7 Was machst du für deine Freunde? Schreib Sätze mit *trotzdem* ins Heft.

8 Wo sind sie? Verbinde und ergänze *der*, *das* oder *die*.

1. Wo ist die graue Katze? — b.
2. Wo sitzt der nette Hund?
3. Wo stehen die bunten Blumen?
4. Wo ist das braune Regal?
5. Wo steht der wütende Mann?

a. ________ sitzt unter dem Fenster.
b. ________ ist auf dem Sessel.
c. ________ steht mitten im Wohnzimmer.
d. ________ stehen vor dem Fenster.
e. ________ ist neben dem Sofa.

9 **Welche Sachen sucht die Familie? Ergänze *der* oder *den*.**

1. ● Wo ist mein Ausweis? ○ ________ liegt auf dem Sofa.
2. ● Hast du meinen Badeanzug gesehen? ○ ________ habe ich schon eingepackt.
3. ● Ist das mein Kopfhörer? ○ Nein, ________ gehört mir.
4. ● Siehst du meinen Regenschirm? ○ ________ ist sicher auf dem Balkon.
5. ● Wo ist mein Sonnenhut? ○ ________ hast du doch Elias geliehen.
6. ● Ich finde meinen Kamm nicht! ○ ________ hast du vielleicht im Schwimmbad verloren.

10 **Was fragen die Schüler vor der Klassenfahrt nach Hamburg? Schreib zu jedem Stichwort zwei Fragen wie im Beispiel ins Heft.**

1 Jugendherberge?
2 Mitnehmen?
3 Zugfahrt?

4 Ausflug?
5 Party?
6 Bezahlen?

1. a. Wo liegt die Jugendherberge? b. Gibt es in der Jugendherberge WLAN?

11 **Welche Fragen gibt die Schulleiterin an den Lehrer weiter? Ergänze.**

ob | wie viel | ob | wo

Lieber Herr Gruber,

gerade hat Herr Böhm, der Vater von Paul, angerufen. Paul geht bei Ihnen in die Klasse 9a und hat den Brief zur Klassenfahrt verloren. Deshalb brauchen Paul und sein Vater ein paar Informationen. Pauls Vater möchte wissen, ________ das Ticket nach Hamburg kostet. Paul weiß auch nicht mehr, ________ sich die Klasse vor der Abfahrt trifft. Können Sie ihm das bitte noch mal erklären? Der Vater will auch wissen, ________ Paul eine Badehose mitnehmen muss. Dann hat er noch gefragt, ________ Paul sein Handy mitnehmen darf.

Können Sie Pauls Vater bitte kurz anrufen? Danke!

G Clip 10

12 **Wer fragt was? Ordne zu und gib die Fragen wieder.**

Räumst du heute endlich dein Zimmer auf? | Hat jemand mein Deutschbuch eingepackt? | Warum sehen alle immer auf das Handy? | Bekomme ich zum Geburtstag eine Puppe? | Warum bekomme ich nicht mehr Taschengeld?

1. Ich will wissen, warum ich ______________________
2. Meine kleine Schwester weiß noch nicht, ______________________
3. Mein Opa versteht nicht, ______________________
4. Meine Eltern möchten wissen, ______________________
5. Mein Freund fragt im Klassenchat, ______________________

2.09

13 **Welche Informationen bekommt Luca von Frau Wagner über den Campingplatz? Hör das Gespräch und kreuz an.**

1. Auf dem Campingplatz gibt es ☐ in der Küche ☐ auf dem Spielplatz kein WLAN.
2. Wenn man das WLAN auf dem Campingplatz eine Stunde benutzt, muss man ☐ bezahlen ☐ nicht bezahlen.
3. Von der Haltestelle Haid bis zum Campingplatz braucht man ☐ 2 ☐ 14 Minuten.
4. Der letzte Bus zum Campingplatz fährt am Sonntag um ☐ 21:05 Uhr ☐ 22:05 Uhr.

2.09

14 **Wie stellt Luca die Fragen an Frau Wagner? Hör noch einmal und ergänze.**

1. Ich ______________________, ob es auf dem Campingplatz WLAN gibt.
2. Darf ______________________, wie viel die Benutzung des WLAN kostet?
3. Können ______________________, ob wir mit dem Bus vom Bahnhof zum Campingplatz fahren können?
4. Entschuldigung, ______________________, wann der letzte Bus zum Campingplatz am Bahnhof abfährt?

15 **Was ist auf den Fotos im Reiseprospekt zu sehen? Ordne zu.**

1. ein Lagerfeuer | 2. eine Mahlzeit | 3. eine Jugendherberge | 4. eine Burg | 5. eine Landschaft | 6. eine Wanderung

16 **Welches Reiseziel in Deutschland empfiehlt Noah im Reiseforum? Welche Informationen gibt er zu den Stichwörtern? Lies den Beitrag und markiere.**

1. Reiseziel | 2. Landschaft | 3. beste Reisezeit, Wetter, Kleidung | 4. Unterkunft | 5. Aktivitäten | 6. Essen

Hallo Leute,
wollt ihr mal Urlaub in Deutschland machen? Ich kann euch ein tolles Reiseziel empfehlen.
1 Ihr könntet nach Freiburg fahren. Freiburg ist eine Großstadt im Süden von Deutschland. Dort beginnt der Schwarzwald und es gibt in der Nähe Berge und Seen. Wenn ihr im Schwarzwald seid, müsst ihr Schwarzwälder Kirschtorte probieren. Die ist echt lecker.
Am besten kommt ihr im Sommer, wenn es warm und trocken ist. Dann solltet ihr natürlich Badesachen einpacken. In Freiburg kann man sehr viel unternehmen. Ihr könntet Mountainbike fahren, klettern, schwimmen oder wandern. Ich kann euch auch einen Tipp für einen coolen Ausflug geben. Besucht den Europapark, den größten Freizeitpark Deutschlands. Mit dem Bus seid ihr in 40 Minuten dort und habt sicher viel Spaß.
In Freiburg gibt es eine Jugendherberge und auch einen kleinen Campingplatz, auf dem man günstig übernachten kann.
Viel Spaß in Freiburg!

17 **Welches Reiseziel in deinem Heimatland kannst du empfehlen? Mach Notizen zu den Stichwörtern aus Übung 16. Schreib dann deinen Beitrag für das Reiseforum ins Heft.**

Hallo Leute,
wollt ihr mal Urlaub in … machen? Ich kann euch ein tolles Reiseziel empfehlen. Ihr könntet nach …

Wortschatz Modul 12

1 Wie werden wir leben?

➔ KB 1–8

		Meine Sprache
das Gummibärchen, -		
der Rat (Singular)		
die Kälte (Singular)		
die Frage, -n		
eine Frage stellen		
ziehen	Leon muss 5 Gummibärchen ziehen.	
dran sein	Er ist als Erster dran.	
bitten um		
Karriere machen		
ein Kind bekommen	Meine Tante hat ein Kind bekommen.	
hassen	Ich hasse Kälte und Schnee!	

➔ KB 9–15

der Fahrer, - die Fahrerin, -nen		
der Parkplatz, ¨-e		
das Fahrzeug, -e		
das Taxi, -s		
der Gehweg, -e		
der Roboter, -		
die Solarplatte, -n		
der Ökostrom (Singular)		
die künstliche Intelligenz (KI)		
die Drohne, -n		
die Ware, -n		
das Ding, -e		
die Digitalisierung, -en		
das Mindestalter (Singular)		

		Meine Sprache
die Maschine, -n		
die Ressource, -n		
wachsen	*ich wachse, du wächst, …*	
liefern		
aufpassen auf		
der Meinung sein	Ich bin der Meinung, dass …	
regeln	Es gibt Gesetze, die das regeln.	
übernehmen	*ich übernehme, du übernimmst, …*	
selbstfahrend		
virtuell		
real		
individualistisch		
knapp	Viele Ressourcen sind heute schon knapp.	
weit weg	2050 ist nicht mehr weit weg.	
deswegen		
darum		

➔ KB 16–21

die Geste, -n		
das Engagement, -s		
das Mitglied, -er		
die Spende, -n		
der Impfstoff, -e		
das Insekt, -en		
das Zuhause (Singular)		
die Reparatur, -en		
das Heim, -e	das Seniorenheim	
der Rollstuhl, ¨-e		
schütteln	Er schüttelt den Kopf.	
zugucken		
ärgern	Die Mitschüler ärgern ihn.	

		Meine Sprache
spẹnden		
drụcken	Es werden weniger Bücher gedruckt.	
damịt		

1 **Welche Verben aus der Wortliste passen? Notiere.**

2 **Wie sind die Nomen? Schreib die Wörter mit Artikel.**

1. ______ – fragen
2. ______ – kalt
3. ______ – spenden
4. ______ – reparieren
5. ______ – engagiert

3 **Welche Wörter fehlen? Ergänze.**

Du bist _ _ _ _.
_ _ _ _ eine Karte.

4 **Welche Orte sind in der Wortliste? Schreib zu jedem Ort einen Beispielsatz.**

der Pạrkplatz, ⸚e	Das Auto steht auf dem Parkplatz.

5 **Was sind Fahrzeuge? Notiere 3 Beispiele.**

2 Wie geht's weiter?

KB 1–8

		Meine Sprache
das Praktikum, Praktika		
der Sprachkurs, -e		
das Studium, Studien		
Jura (Singular)		
die Wirtschaft (Singular)		
die Medizin (Singular)		
das Ausland (Singular)	Sie möchte eine Reise ins Ausland machen.	
die Klassenfahrt, -en		
der Rechtsanwalt, ¨-e, die Rechtsanwältin, -nen		
der Journalist, -en die Journalistin, -nen		
der Bauer, -n die Bäuerin, -nen		
der Musiker, - die Musikerin, -nen		
der Handwerker, - die Handwerkerin, -nen		
der Kellner, - die Kellnerin, -nen		
der Informatiker, - die Informatikerin, -nen		
der Krankenpfleger, - die Krankenpflegerin, -nen		
keine Ahnung haben	Ich habe keine Ahnung.	
gucken	Guck mal!	
wechseln	Leon hat die Schule gewechselt.	
sich vorbereiten auf		
Angst haben vor	Ich habe Angst vor dem Test!	

→ KB 9–16		Meine Sprache
die Berufswahl, -en		
die Stelle, -n	Wie finde ich eine Praktikumsstelle?	
der Bereich, -e		
die Jobbörse, -n		
die Bewerbung, -en		
das Infoblatt, ¨-er		
das Tagebuch, ¨-er		
die Werbeagentur, -en		
die Anzeige, -n		
der Grafiker, - die Grafikerin, -nen		
das Interesse, -n	Ich habe viele Interessen.	
das Büro, -s		
der Kunde, -n die Kundin, -nen		
der Psychologe, -n die Psychologin, -nen		
der Manager, - die Managerin, -nen		
der Tierarzt, ¨-e die Tierärztin, -nen		
das Blut (Singular)		
die Spritze, -n		
die Verantwortung (Singular)	Ich möchte einmal in meinem Beruf viel Verantwortung haben.	
sich bewerben	*ich bewerbe mich, du bewirbst dich, …*	
ausschreiben		
eine Präsentation halten		
passen zu		
sich beschäftigen mit		
sich kümmern um		
nützlich		

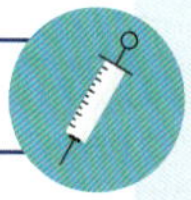

		Meine Sprache
rund um	Hier gibt es Tipps rund um die Bewerbung.	
digital		
emotional		

➔ KB 17–24

der Käfig, -e		
der Hase, -n		
der Bär, -en		
die Operation, -en		
der Assistent, -en die Assistentin, -nen		
der Zuhörer, - die Zuhörerin, -nen		
das Talent, -e		
der Chirurg, -en die Chirurgin, -nen		
der Berater, - die Beraterin, -nen		
der Spezialist, -en die Spezialistin, -nen		
operieren		
sauber machen		
allgemein ↔ speziell		
positiv ↔ negativ		
künstlerisch		
abwechslungsreich		
gefährlich		
verantwortungsvoll		
selbstständig		
geduldig		

1 **Wie viele Berufe findest du in der Wortliste? Markiere.**

3 Wir planen eine Klassenfahrt

➔ KB 1–7

		Meine Sprache
die Jugendherberge, -n		
der Schlafanzug, ¨-e		
der Flip-Flop, -s		
der Sonnenhut, ¨-e		
die Sonnenbrille, -n		
die Sonnencreme, -s		
die Regenjacke, -n		
der Gummistiefel, -		
der Regenschirm, -e		
die Taschenlampe, -n		
das Fernglas, ¨-er		
das Ladegerät, -e	Er braucht das Ladegerät für die Batterien.	
der Ausweis, -e		
die Zahnbürste, -n		
das Duschgel, -s		
der Kamm, ¨-e		
das Make-up, -s		
der Reiseproviant (Singular)		
die Checkliste, -n		
fest	Nehmt feste Schuhe mit!	
trotzdem		

➔ KB 8–12

die Fahrkarte, -n		
bezahlen		
aufgeregt	Seid ihr auch so aufgeregt wie ich?	
Entschuldigen Sie!		

KB 13–19

		Meine Sprache
das Marzipan, -e		
die Führung, -en	Sie nehmen an einer Führung durch die Stadt teil.	
die Burg, -en		
das Kloster, ¨-		
die Übernachtung, -en	Wir müssen die Übernachtung und das Frühstück bezahlen.	
die Abholung, -en	Abholung am Bahnhof	
das Check-in, -s ↔ das Check-out, -s		
die Leistung, -en		
die Vollpension (Singular)		
die Mahlzeit, -en		
die Bar, -s	die Strandbar	
die Wanderung, -en		
der Spaziergang, ¨-e		
die Landschaft, -en		
die Düne, -n		
der Seehund, -e		
das Lagerfeuer, -		
das Mountainbiking (Singular)		
der Wasserski (Singular)		
das Rafting (Singular)		
sich entspannen		
genießen	Genießt das schöne Wetter!	
buchen	Wir haben zwei Übernachtungen im Hotel gebucht.	
bieten		
übernachten	Sie übernachtet bei ihrer Tante.	
historisch		
inklusive		
unvergesslich	Das war eine unvergessliche Reise!	

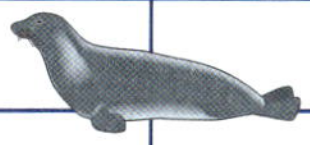

1 Sieh die Wortliste an und sprich alle Wörter mit langem Vokal laut.

der Schlafanzug

2 Welche Nomen aus der Wortschatzliste sind Kleidungsstücke? Notiere.

3 Was ist Reiseproviant? Notiere 3 Beispiele.

4 Welche Nomen aus der Wortliste passen? Ergänze.

1. die ______ – führen
2. die ______ – übernachten
3. die ______ – abholen
4. die ______ – wandern

5 Wo kann man übernachten? Notiere 3 Beispiele.

Schreibtraining

1 **In welchem Bereich möchte Sara ein Praktikum machen? Welche Informationen bekommt man über sie? Lies Saras Text und markiere Informationen zu den Stichwörtern mit verschiedenen Farben.**

1. persönliche Informationen | 2. Bereich | 3. Interessen und Erfahrung | 4. Stärken

Mein Name ist Sara Weber. Ich bin 15 Jahre alt und besuche jetzt die 9. Klasse des Albert-Einstein-Gymnasiums. Im nächsten Jahr würde ich gern ein Schülerpraktikum im Bereich Journalismus machen.
Ich lese viel und beschäftige mich gern mit Texten. Seit 2 Jahren besuche ich die Literatur-AG meiner Schule und schreibe Beiträge für unseren Schulblog. Es macht mir viel Spaß, Artikel zu recherchieren und zu schreiben. Ich höre auch gern Podcasts zu verschiedenen Themen.
Ich bin kreativ, habe viele Ideen und arbeite gern mit Menschen zusammen. Bei der Arbeit am Schulblog besprechen wir die Themen für Artikel im Team und geben uns Tipps bei Problemen. Ich arbeite gern im Team, aber ich kann auch gut selbstständig arbeiten.

2 **Stell dir vor, du möchtest ein Schülerpraktikum machen: Welcher Bereich würde dich interessieren? Kreuz an oder ergänze.**

☐ Umweltschutz ☐ Medizin ☐ Wirtschaft ☐ Sport ☐ Technik
☐ Informatik ☐ Journalismus ☐ Naturwissenschaften ☐ ______________

3 **Was interessiert dich an diesem Bereich? Hast du schon Erfahrung in diesem Bereich gesammelt? Mach Notizen.**

Interessen: ______________________________

____

Erfahrungen: ______________________________

____

4 **Welche Stärken bringst du für das Praktikum mit? Notiere 3 Stärken.**

Meine Stärken: ____________ ____________ ____________

5 **Schreib einen Text für ein Schülerpraktikum mit deinen Notizen ins Heft.**

Mein Name ist ...

Audios

Tontechnik und Produktion: Bauer Studios, Ludwigsburg
Sprecherinnen und Sprecher: Mia Albat, Marina Alber, Nicole Alber, Jake Bickelmann, Anuschka Herbst, Josephine Hochbruck, Stela Katic, Vinzent Laich, Vincent Maier, Maximilian Mehne, Lia Pirngruber, Mario Pitz, Kayra Uysal, Lili Vogelsang, Benedict Walesch, David Weinmann

Grammatik-Clips

von Coleen Clement, Berlin
Audioaufnahmen: Bauer Studios, Ludwigsburg
Produktion: Marion Weis

Bildquellen

Coverfoto: Thomas Weccard, Ludwigsburg

Alle emojis: https://openmoji.org, ein open-source-Projekt der Hochschule für Gestaltung Schwäbisch Gmünd.
Wir bedanken uns bei Team und Urhebern von OpenMoji 12.1 für die großzügigen Nutzungsrechte

123RF.com, Nidderau: **4.1** (smeagorl); **4.3, 4.4, 4.5** (yayayoy); **5** (mimacz); **19** (jackf); **22.1** (sidorovstock); **22.2** (sorranop01); **22.4** (robertvanthoenderdaal); **22.5** (ksuksa); **22.6** (stokkete); **23.1** (zurijeta); **23.2** (sebra); **27.1** (jovanas); **27.2** (john79); **28.1** (vectorshots); **28.2** (makc76); **28.4** (tassel78); **29, 90** (yupiramos); **30.1** (julialemba); **30.2** (shoshina); **30.3** (bilderundvektor); **31.1** (avectors); **31.2** (creativepriyanka); **32** (designartks); **34.2, 34.3, 34.4** (elxeneize); **36.6, 38.1** (tomwang); **36.1** (rclassenlayouts); **36.2** (dudlajzov); **36.3** (bloodua); **36.4** (jvdwolf); **40.2** (ha4ipuri); **40.3** (kongsky); **40.4** (ronnarong); **40.5** (everyonensk); **40.6** (big8183); **41.1** (serezniy); **41.2** (andreysafonov); **41.3** (bystudio); **41.4** (cdrewunser); **51.6** (angor1975); **52** (ilixe48); **53.1** (attaphong); **53.2** (greenpicstudio); **53.3** (skypicsstudio); **54.1** (marysan9); **54.2** (branche); **54.3** (zaki31072017); **55.1** (studioworkstock); **55.2** (vecstock); **56.1** (luplupme); **56.2** (chotwitnote); **56.3** (wonderfulpixel); **57.1** (vectorwin); **57.2** (pikepicture); **58.1** (learchitecto); **58.2** (grgroup); **58.4** (zlajo); **60** (madabatman); **62.1** (amin268); **62.2** (chistoprudnaya); **62.3** (Aliaksei Brouka); **62.4** (incomible); **62.5** (Teewara Soontorn); **62.6** (invisionframe); **62.7** (Valerii Minhirov); **62.8** (pchvector); **63.1** (artqu); **63.2** (jirkaejc); **63.3** (Peter Hermes Furian); **63.4** (olgagi); **63.5** (Alexander Romanov); **63.6** (moji1980); **64.7, 64.8** (Aleksey Vanin); **64.5** (Sergey Sizkov); **64.9** (Filip Filipovic); **64.2, 82** (Artem Morozov); **64.3, 64.4, 64.6** (Sergey Lagutin); **66.1** (mrtwister); **66.2** (usersam2007); **66.3** (Richard Thomas); **66.4** (ayphoto); **66.5** (scanrail); **66.6** (Tatiana Popova); **69** (lightfieldstudios); **76.2** (dolgachov); **76.3** (Roberto Binetti); **76.4** (alona1919); **77** (Sergey Novikov); **78.1** (Jacek Nowak); **78.2** (Roman Samborskyi); **78.3** (SVIATLANA ZYKAVA); **78.5** (Kasper Ravlo); **78.6** (Anastasiya Aleksandrenko); **79.1** (Ольга Симонова); **79.2** (David Pereiras Villagrá); **83.1** (staratel); **83.2** (chuhail); **83.3** (Tetiana Lazunova); **84.1** (seamartini); **84.2** (Khoon Lay Gan); **85.1** (eyewave); **85.2** (krissikunterbunt); **86.1** (slalomp); **86.2** (alfadanz); **87.1** (sudowoodo); **88.1** (Ljerka Ilic); **88.2** (alexutemov); **88.3** (Svetlana Belova); **88.4** (Ksenya Savva); **89** (Alexandr Pintyuk); **93.1** (Bartosz Pilewski); **93.2** (alexeitm); **100.2** (Daniel Ernst); **100.3** (Anderson Arboleda Jaramillo); **100.4** (whiteshoes91); **100.5** (neonshot); **103** (Dmitry Ageev); **109.5** (Iakov Filimonov); **110.1** (dmstudio); **110.2** (Tatiana Stulbo); **110.3** (martyinktank); **111.1** (ssstocker); **111.2** (Irina Cheremisinova); **112.1** (Elena Pimukova); **112.2** (ostapenko); **112.3** (artbesouro); **113.2** (blankstock); **113.2** (macrovector); **114.1** (bloomua); **114.2** (Noviantoko Tri Arijanto); **115.2** (Nadezhda Kurbatova); **115.3** (Vladimir Sviracevic); **115.4** (Ville Heikkinen); **116.1** (shelasarga); **118** (magicleaf); @Statista 2022 **37**; Adobe Stock, Dublin: **4.2** (Co-Design); **22.3** (euthymia); **36.5, 38.2** (asife); **41.5** (petrrgoskov); **41.6** (Björn Wylezich); **42.1** (sweeming YOUNG); **42.2** (blende11.photo); **42.3, 78.4** (Animaflora PicsStock); **42.4** (Skylines); **43** (julialine802); **45** (StockPhotoPro); **47** (Bonsales); **48** (Bostan Natalia); **49.1** (Patryssia); **49.2** (tirachard); **49.3** (Oleksandr); **51.1, 59.2** (Fiedels); **51.2** (DREIDESIGN.com); **51.3** (www.push2hit.de); **51.4** (serjiob74); **51.5** (Drobot Dean); **58.3** (fotomowo); **59.1** (jacartoon); **62.9** (noon@photo); **64.10** (Chief Design); **87.2** (IconLauk); **95.2** (OceanProd); **96** (Praewphan); **97.1** (RLS Photo); **97.2** (driesen-verlag.de); **102.2** (Countrypixel); **108** (Maxi_2015); **109.2** (YariK); **112.4** (eyewave); **116.2** (keltmd); **116.3** (miztanya); **117.1** (ohaiyoo); **117.2** (roadrunner); **117.3** (absent84); Getty Images, München: **64.1** (MEDITERRANEAN); **94** (piranka); **95.1** (baranozdemir); **100.1** (Ricardo Mendoza Garbayo); **101** (mixetto); **102.1** (Animaflora); **106.1** (Witthaya Prasongsin); **106.2** (© eleonora galli); **106.3** (Jena Ardell); **106.4** (Vincent Besnault); **107** (Image Source); **109.1** (David C Tomlinson); **109.3** (sola deo gloria); **109.4** (tdub303); **109.6** (Nick Brundle Photography); **115.1** (Thomas Lydell); Klett-Archiv, Stuttgart: **6, 12, 18, 34.1, 35.1.2, 35.2.1, 35.3.2, 40.1, 46, 70, 92, 98, 99, 104** (Stephan Klonk); Käthe Kruse Manufaktur GmbH **80**; picture-alliance, Frankfurt: **81** (Uli Deck/dpa); Shutterstock, New York: **8** (Elena Nichizhenova); **11** (violetblue); **13.1** (VALUA VITALY); **13.2, 15.1** (Monkey Business Images); **14** (Africa Studio); **15.2** (Rido); **16** (Trzykropy); **24.1** (olegtoka); **24.2** (Yuliia Bahniuk); **24.3** (Kovalov Anatolii); **24.4** (woocat); **25** (Claudia Steininger); **28.3** (Nicoleta Ionescu); **76.1** (iampaese)